Die *Coca-Cola*-Story

Von Peter Aldenrath

Tessloff Verlag

Vorwort

Wirtschaft ist ein wichtiger Teil unseres Lebens. Dennoch interessieren sich viele Menschen nicht dafür. Der Wirtschaftsteil der Zeitung wird am ehesten ungelesen beiseite gelegt. Oft hört man dann als Begründung „Das ist mir zu kompliziert" oder „Das verstehe ich sowieso nicht". Warum ist das eigentlich so – und: Muss das wirklich so sein? Wir sind der Ansicht, dass das nicht der Fall ist. Denn Wirtschaft ist eine relativ leicht zu verstehende und sogar spannende Sache. Das Anliegen dieses Buches ist es jungen Lesern wirtschaftliche Grundbegriffe zu erklären und am Beispiel bekannter Unternehmen und ihrer erfolgreichen Produkte zu zeigen, wie Wirtschaft funktioniert.

„Die Coca-Cola Story", der zweite Band der Reihe „Was ist Was - Business", erzählt die Erfolgsgeschichte des amerikanischen Getränkekonzerns von der Erfindung des Getränks vor über 110 Jahren bis zur heutigen Zeit. Anschaulich wird erklärt, wie aus einem Kopfschmerzmittel ein Markenartikel gemacht wurde, der auf der ganzen Welt berühmt und bekannt ist und wie das Unternehmen wuchs und sich entwickelte. Die Reihe „WAS IST WAS Business" macht deutlich, dass Wirtschaft weder langweilig noch kompliziert ist, sondern ein aufregendes Abenteuer sein kann.

Tessloff Verlag

■ Dieses Buch ist auf chlorfrei gebleichtem Papier gedruckt.

BILDQUELLENNACHWEIS:
ILLUSTRATIONEN: Uli Knauer: S. 4/5, 36; Ralf Munker: 6/7, 8
GRAFIKEN: Ralf Munker: S. 5, 6/7
FOTOS:
Mit freundlicher Genehmigung von The Coca-Cola Company Atlanta und der Coca-Cola GmbH Essen:
S. 9 o., 10 o., 10 u., 11, 12 o./ m., 12 u., 13, 14 o./ u., 14 m.,15 o., 15 m./u., 16 m., 16 u., 17 o., 8/19 m., 19 r., 20, 21, 23, 24, 25 m., 25 u., 26, 27, 28/29 m., 30, 31, 34, 35, 37, 38, 39, 40, 41, 42, 43, 44, 45, 46, 47, 48, 49 m./ u., 50 o., 50 u., 51, 52 o., 52 m./ u., 54, 55, 56, 57, 58 o., 58 u., 59;
Archiv für Kunst und Geschichte, Berlin: S. 22 u.;
The Corbis Archive, London: S. 16/17 o.;
dpa, Frankfurt: S. 22 o., 24 o., dpa/A. Maltsev 25r., 29 o., 49 o., 53 l, dpa/Goh Chai 61;
Verlagsarchiv: S. 9 u., 32/33, 53 r.;
Der Inhalt dieses Buches ist nicht von The Coca-Cola Company autorisiert. Die Darstellung der Unternehmensgeschichte sowie der Geschäftspraktiken und -strategien entspricht der Sichtweise des Autors und des Verlages und stimmt nicht notwendigerweise mit der Meinung von The Coca-Cola Company überein.

Inhalt

Abenteuer Wirtschaft

Was ist Wirtschaft?	4
Wie funktioniert die Wirtschaft?	5
Was ist ein Geschäft?	6
Wie ist ein Unternehmen aufgebaut?	6
Warum haben manche Unternehmen mehr Erfolg als andere?	7

Wie Coca-Cola zur Marke wurde

Wer hat Coca-Cola erfunden?	9
Wie hat Pemberton die Coca-Cola erfunden?	10
Wie wurde die Coca-Cola zur Brause?	11
Wie kam die Coca-Cola zu ihrem Namen?	12
Warum mochten gleich so viele Leute Coca-Cola?	14
Wie wurde Coca-Cola bekannter?	15
Was waren die Ziele der neuen Firma?	16
Wie kam Coca-Cola in Flaschen?	18
Wie wurde Coca-Cola zu einer Aktiengesellschaft?	20
Warum stieg in den USA ab 1919 die Nachfrage nach Erfrischungsgetränken?	22

Wie Coca-Cola auf der ganzen Welt bekannt wurde

Wie wurde Coca-Cola zum amerikanischen Symbol?	24
Was geschah nach dem Krieg mit den neuen Verbreitungswegen?	25
Wie kam Coca-Cola in andere Länder?	26
Wie behält die Zentrale die Übersicht?	28
Welche Produkte bietet The Coca-Cola Company noch an?	30
Ist Coca-Colas Umsatz nur mit Erfrischungsgetränken gewachsen?	32
Wie ist das Unternehmen heute organisiert?	34
Wie viele Menschen arbeiten für Coca-Cola?	35
Wer sind die größten Konkurrenten von Coca-Cola?	36
Wo sind noch Märkte der Zukunft?	37

Wie Coca-Cola seine Kunden gewinnt

Wozu braucht ein Unternehmen Werbung und Marketing?	38
Wie hat die Werbung Coca-Cola bekannt gemacht?	40
Wie hat Coca-Cola ein Markenimage bekommen?	42
Was hat der Weihnachtsmann mit Coca-Cola zu tun?	45
Wie behält Coca-Cola sein gutes Image?	46
Wie engagiert sich Coca-Cola für die Menschen und die Umwelt?	48
Warum investiert Coca-Cola so viel in den Sport?	49
Wie kann Coca-Cola sein Image schützen?	52

Wie Coca-Cola Deutsch lernte

Wann kam Coca-Cola in den deutschsprachigen Raum?	54
Wie wurde Coca-Cola in Deutschland weiter verbreitet?	55
Wie setzte sich Coca-Cola im deutschsprachigen Raum durch?	56
Wie kam Coca-Cola wieder nach Deutschland?	57
Wann gelangten andere Konzernprodukte in deutschsprachige Länder?	58
Was änderte sich 1989 für Coca-Cola?	59

Coca-Cola in Zahlen	60
Glossar	62
Stichwörterverzeichnis	64

Abenteuer Wirtschaft

„Die vielen Arbeitslosen – das liegt

Was ist Wirtschaft?

an der schlechten Wirtschaftslage!" oder „Der ist so reich, weil er halt immer gut gewirtschaftet hat."
Solche Sätze hat sicher jeder schon einmal gehört. Über Wirtschaft reden die Menschen zwar ziemlich oft – das klingt dann beinahe ebenso oft nach einer furchtbar ernsten, komplizierten und schwer verständlichen Sache. Aber das ist nicht so. Dieses Buch will am Beispiel eines erfolgreichen Unternehmens zeigen, dass Wirtschaft Spaß machen kann und im Prinzip eine ganz einfache Sache ist.

Die Wirtschaft ist ein Kreislauf mit drei Teilnehmern und sie funktioniert wie ein Markt in einem Dorf: Menschen stellen etwas her, andere kaufen es und der Polizist passt auf, dass nicht gestohlen oder betrogen wird. Weil das ganze Wirtschaftsleben in den meisten Ländern nach diesem Prinzip funktioniert, nennt man sie

auch „Marktwirtschaft". Staat, Unternehmen und Verbraucher handeln auf einem „Markt" – er ist bloß nicht so überschaubar wie ein Wochenmarkt. Jeder gibt dabei dem anderen etwas und bekommt eine Gegenleistung dafür. Ohne diesen Kreislauf können Wirtschaftssysteme nicht funktionieren.

Die Unternehmen werden auch „Motor der Wirtschaft" genannt. Denn dort werden Produkte entwickelt und hergestellt, die auf dem „Markt" den Verbrauchern angeboten werden. Die Verbraucher kaufen die Produkte, mit dem Gewinn produzieren die Unternehmen neue Waren und der Kreis schließt sich.

Der Staat legt die Regeln fest, nach denen Sachen produziert, gekauft oder verkauft werden können. Außerdem bekommt der Staat Geld von den Verbrauchern und Unternehmen. Mit diesen Steuern finanziert er seine Aufgaben für die Einwohner eines Landes, etwa den Straßenbau oder den Umweltschutz.

ARBEITGEBER

Wer anderen Menschen Arbeitsplätze zur Verfügung stellt und dafür Lohn oder Gehalt bezahlt, ist ein Arbeitgeber. Das kann eine Einzelperson oder ein Unternehmen sein. Der Arbeitgeber muss immer darauf achten, dass er für seine Produkte mehr Geld bekommt, als er für Löhne, Maschinen oder Rohstoffe ausgegeben hat. Sonst macht er keinen Gewinn.

ARBEITNEHMER

Jemand, der bei einem Arbeitgeber angestellt ist und für seine Arbeit (meist monatlich) Lohn oder Gehalt bekommt, ist ein Arbeitnehmer. Er verkauft praktisch seine Arbeitskraft an den Arbeitgeber.

Marktwirtschaft: Ein Wochenmarkt ist eine gute Gelegenheit, um auf kleinem Raum zu sehen, wie die Wirtschaft funktioniert.

UNTERNEHMEN

Arbeitgeber organisieren die Arbeit ihrer Angestellten in Unternehmen. Dort stellen die Arbeitnehmer die Produkte her, die an Verbraucher verkauft werden.

VERBRAUCHER

Alle Menschen, die etwas kaufen, das ein anderer oder ein Unternehmen hergestellt hat, sind Verbraucher. Das Kaufen und Verbrauchen von Produkten wird auch Konsum genannt.

STAAT

Der Zusammenschluss und zugleich die Vertretung der Bürger wird Staat genannt. Die verschiedenen Angestellten des Staates sollen dafür sorgen, dass für alle Menschen in einem Gebiet Straßen gebaut, Feuerwehr und Polizei bezahlt oder Kindergärten betrieben werden. Für diese Aufgaben erhebt der Staat Steuern.

Ohne Verbraucher schließlich würde keine Wirtschaft funktionieren – denn wenn niemand da wäre um etwas zu kaufen, hätten die Unternehmen nichts zu tun. Außerdem brauchen Staat und Unternehmen ja auch Menschen, die für sie arbeiten. Und dafür bekommen die Verbraucher wiederum Geld.

Wie funktioniert die Wirtschaft?

Staat und Unternehmen brauchen zum Handeln drei Dinge: Geld, Menschen und Waren oder Dienstleistungen. Der Staat bekommt sein Geld von Verbrauchern und Unternehmen, die ihm Steuern zahlen. Dafür beschäftigt er Menschen, die Dienste für die Allgemeinheit leisten – zum Beispiel Polizisten oder Zöllner.

Die Unternehmen bekommen Geld, wenn sie eine gute Idee für ein Produkt haben. Dann brauchen sie Menschen als Arbeitnehmer, die das Produkt oder die Dienstleistung herstellen oder erbringen. Zuletzt verkaufen sie die Produkte an Verbrau-

cher, den Staat oder andere Unternehmen. Dafür bekommen sie neues Geld und der Kreislauf geht von vorne los – solange den Unternehmen die Ideen nicht ausgehen. In diesem Buch wird von einem Unternehmen die Rede sein, das immer wieder neue Ideen hat. Es hat heute immer noch Erfolg, obwohl es schon sehr lange in der Wirtschaft aktiv ist.

Eine runde Sache: Soll der Markt funktionieren, braucht es Waren und Menschen, die sie herstellen oder kaufen.

Menschen

Waren

Geld

Ein Junge hat sein altes Fahrrad an einen Schulkameraden verkauft. Er brauchte es nicht mehr, weil er zu Weihnachten ein neues bekommen hat. Für das Geld erwirbt er ein Paar Rollschuhe – er hat ein Geschäft gemacht.

Unternehmen aber stellen meistens die Dinge selbst her, die sie verkaufen. Deshalb müssen die Firmen darauf achten, dass sie für die Produkte oder Dienstleistungen mehr Geld von ihren Kunden bekommen, als sie selbst für ihre Maschinen, Löhne oder Materialien ausgegeben haben. Denn nur mit diesem Gewinn bekommen sie wieder Geld, um neue Geschäfte zu machen. Gewinn zu erwirtschaften ist deshalb die wichtigste Aufgabe der Unternehmen.

Einige Unternehmen brauchen keinen Gewinn machen; sie gehören dem Staat, wie etwa Wasserwerke, Fluglinien oder in manchen Ländern die Post. Die meisten aber sind privat, das heißt, sie gehören einem Menschen, der das Unternehmen lenkt. Große Unternehmen haben aber meistens sehr viele Besitzer – und oft auch viele tausend Angestellte und Arbeiter, die für die Firma arbeiten.

Was ist ein Geschäft?

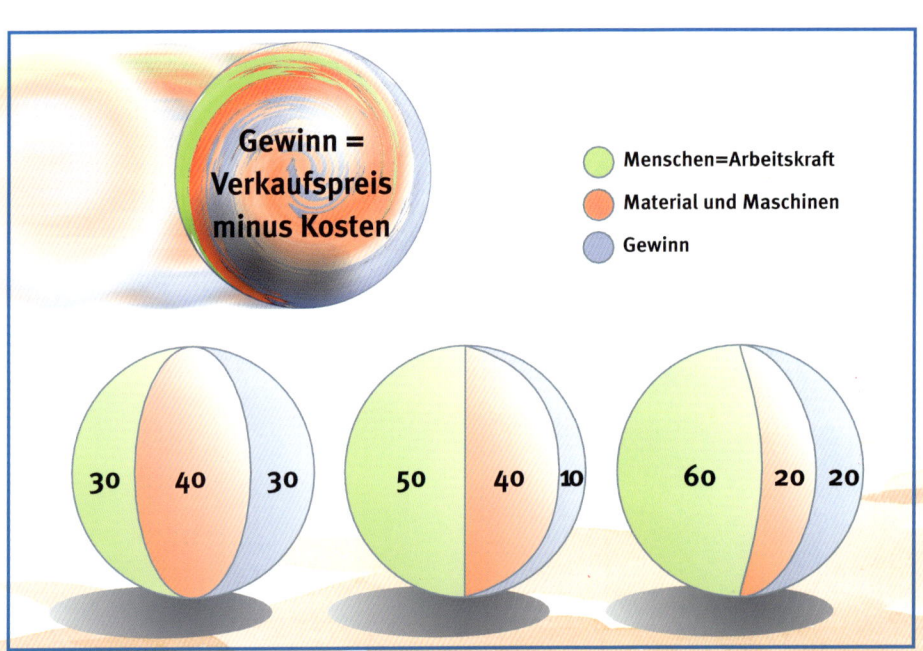

Gewinn = Verkaufspreis minus Kosten

- Menschen=Arbeitskraft
- Material und Maschinen
- Gewinn

30	40	30
50	40	10
60	20	20

Wenn ein Unternehmer Waren verkauft und danach seine Kosten für Personal, eingekaufte Rohstoffe oder die Maschinen abzieht, bleibt am Ende sein Gewinn übrig.

GEWINN

Links: Drei gleich große Bälle, drei unterschiedliche Gewinne: Unternehmen müssen einen Gewinn machen, um weiterarbeiten zu können. Und sie müssen dafür erst einmal Geld ausgeben, denn Arbeitnehmer (grün) und Material (rot) gibt es ja nicht umsonst. Was nach Abzug dieser Kosten und dem Verkauf der fertigen Waren übrig bleibt, nennt man Gewinn (blau). Wer also für Arbeitskräfte und Material mehr Geld ausgibt, behält weniger Gewinn übrig.

Damit ein Unternehmen überhaupt funktionieren kann, braucht es neben Geld, Produkten und Menschen eine Organisation. In erfolgreichen Unternehmen teilen die Mitarbeiter die Aufgabe wohl überlegt auf – jeder trägt so ein wenig zum Produkt bei, das schließlich verkauft wird. Das nennt man Arbeitsteilung. Die wichtigsten Unternehmensbereiche sind: Forschung und Entwicklung, Fertigung, Produktion, Marketing und Vertrieb. Ein Management sorgt dafür, dass die vielen Menschen in den einzelnen Abteilungen gut zusammenarbeiten – auch in riesigen Unternehmen, die weltweit tätig sind.

Wie ist ein Unternehmen aufgebaut?

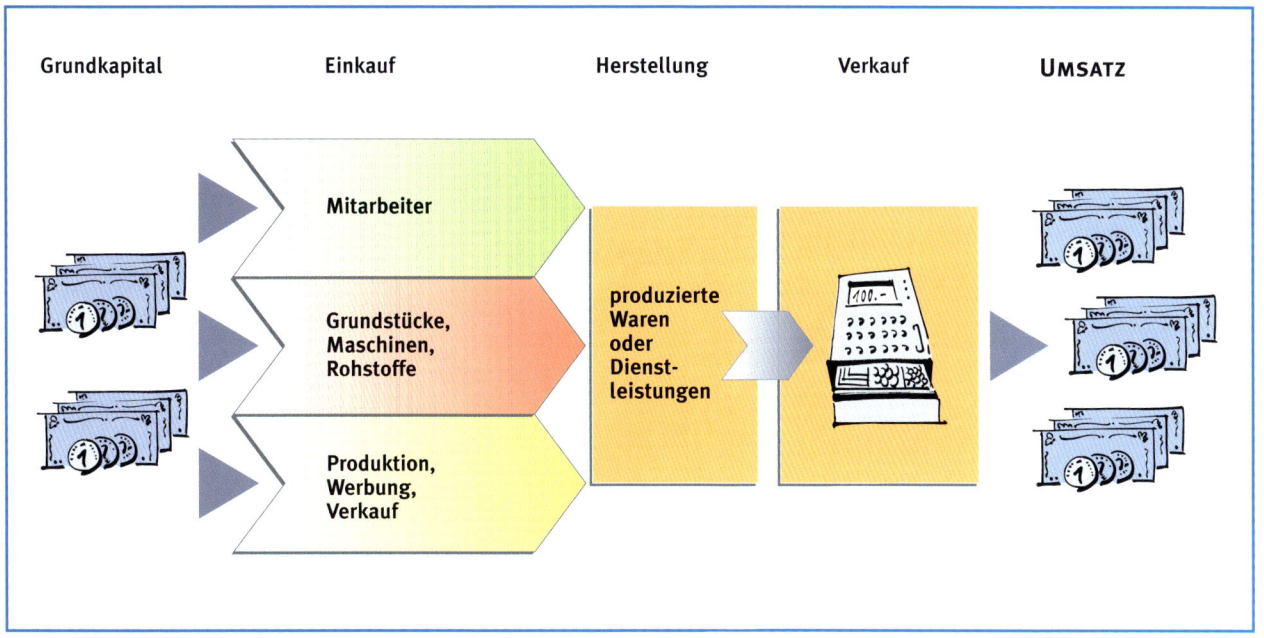

| Grundkapital | Einkauf | Herstellung | Verkauf | UMSATZ |

Mitarbeiter

Grundstücke, Maschinen, Rohstoffe

Produktion, Werbung, Verkauf

produzierte Waren oder Dienstleistungen

In den Unternehmen haben die Mitarbeiter im Produktionsprozess verschiedene Aufgaben, um den Erfolg sicherzustellen: Sie müssen Kapital beschaffen, damit Waren und Dienstleistungen eingekauft werden können, sowie die Waren herstellen und verkaufen. Am Ende kommt dabei der sogenannte Umsatz heraus – alles Geld, das der Unternehmer für seine verkauften Waren bekommt. Dieser Prozess sieht ungefähr so aus wie auf dieser Zeichnung.

Warum haben manche Unternehmen mehr Erfolg als andere?

Wenn genug Geld, Mitarbeiter und Material vorhanden sind und auch die Organisation funktioniert, dann müsste es den Unternehmen doch immer gut gehen. Das ist aber manchmal trotzdem nicht so, denn Wirtschaft ist ein Risiko. Der Staat kann zum Beispiel wegen eines Krieges nicht die Unternehmen schützen oder die Verbraucher haben nicht genug Geld, um die fertigen Produkte zu kaufen.

Der Erfolg von Unternehmen beruht auch auf den richtigen Ideen zur richtigen Zeit und am richtigen Ort.

Außerdem gibt es manchmal Menschen, die als einzelne Unternehmer mehr vollbringen als ganze Staaten. Das kann daran liegen, dass sie flexibler sind. Und auch das Glück macht manche Unternehmen erfolgreicher als andere. Von einem solchen besonders erfolgreichen Unternehmen handeln die folgenden Seiten.

Wer auf einem Markt seine Waren verkauft, wird dafür immer etwas mehr Geld verlangen, als er selbst für alle Rohstoffe ausgegeben hat – er will schließlich einen Gewinn machen.

Diesen Schriftzug kennt beinahe jedes Kind überall auf der Welt – es ist das sogenannte Markenzeichen von Coca-Cola, dem braunen Erfrischungsgetränk aus Amerika.

Wie Coca-Cola zur Marke wurde

Wer hat Coca-Cola erfunden?

Fast jedes bekannte Produkt hat einen Vater oder eine Mutter, also jemanden, der ganz am Anfang die Idee hatte, diese Ware zu schaffen. Häufig sind die Erfinder solcher Waren gar nicht mehr bekannt. Aber bei Coca-Cola kennt man den Schöpfer des Erfolgs ganz genau. Der Mann, der das bekannteste Erfrischungsgetränk der Welt erfunden hat, hieß John Styth Pemberton. Er lebte vor über einhundert Jahren in den Vereinigten Staaten von Amerika (USA), ganz im Süden, wo es meistens sehr heiß ist. Dort in Atlanta, das ist eine große Stadt im Bundesland Georgia, besaß der gelernte Apotheker ein kleines Labor, in dem er Arzneien herstellte. Verkauft wurden die Arzneien in sogenannten Drugstores. Das sind Läden, wo es neben Medizin auch andere Dinge des täglichen Bedarfs zu kaufen gibt – aber auch Speisen und Getränke.

Die meisten Arzneien und Heilmittel wurden damals noch von den Apothekern selbst gemixt. Pemberton machte dabei auch Experimente mit neuen Mischungen.

John S. Pemberton war Arzt, Apotheker – und vor allem der Erfinder von Coca-Cola, dem bekanntesten Brause-Getränk der Welt.

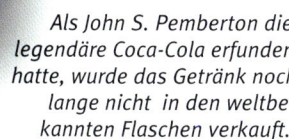

Als John S. Pemberton die legendäre Coca-Cola erfunden hatte, wurde das Getränk noch lange nicht in den weltbekannten Flaschen verkauft.

DER ERFINDER

John Styth Pemberton lebte von 1833-1888 im Süden der Vereinigten Staaten von Amerika, in Knoxville, Georgia. Er erfand das Rezept von Coca-Cola.

Pemberton interessierte sich bereits während seiner Kindheit für Chemie. Dieses Fach studierte er später auch. Er war aber nicht nur Wissenschaftler. Schon mit 23 Jahren eröffnete er in der Stadt Columbus seinen ersten Laden. Nach dem Bürgerkrieg in Amerika musste Pemberton 1865 noch einmal ganz von vorn anfangen. Er zog nach Atlanta und eröffnete dort eine kleine Firma, wo er Arzneien entwickelte und produzierte. Dort tüftelte der Erfinder auch die Formel für seinen größten Erfolg aus: Das „Kopfschmerz-Mittel" Coca-Cola.

Pemberton fehlte jedoch der Unternehmergeist, das Kapital und vielleicht auch das Glück, um sein Produkt selbst zu einem Welterfolg zu machen. Aber er verkaufte seine Formel offensichtlich an die richtigen Leute.

Ein wesentlicher Grund für den Erfolg eines Produktes ist seine Einzigartigkeit und Unverwechselbarkeit. Dieses Rezept erfolgreicher Unternehmer ist schon so lange bekannt, wie Waren verkauft werden. Auch Mister Pemberton wollte deshalb vor über 111 Jahren ein Produkt entwickeln, das ganz unverwechselbare und einzigartige Eigenschaften haben sollte. Der Coca-Cola Erfinder wollte ein besseres Produkt als andere Apotheker – der sogenannte Wettbewerb – anbieten können, damit er mehr von seinem Produkt verkaufen konnte. Dazu musste er diesen Kunden etwas bieten, was sie bei den vielen anderen Drugstores in Atlanta nicht bekamen.

Wie hat Pemberton die Coca-Cola erfunden?

Deshalb kam der Apotheker und Unternehmer Pemberton auf die Idee, ein wohlschmeckendes Getränk mit zugleich heilender Wirkung herzustellen. 1886 stellte er sein erstes sogenanntes „Tonicum" vor, das erst nur „Cola" hieß. Eine Fabrik musste (und konnte) sich der Erfinder natür-

Dieses altertümliche Ungetüm ist eine Soda-Fontäne. Aus diesen Maschinen sprudelte Sodawasser, das mit dem dickflüssigen Sirup Pembertons vermischt wurde: Coca-Cola!

WE DRINK
Coca-Cola

„Wir trinken Coca-Cola" heißt es auf diesem Plakat aus der Zeit um die Jahrhundertwende. Schon zu Beginn der Coca-Cola Erfolgsgeschichte war die Werbung ein wichtiges Mittel, um das Getränk zu verkaufen. Man kann hier gut sehen, dass sich Werbung sehr mit dem Zeitgeschmack und der Mode ändert.

lich nicht eigens für die Herstellung seiner „Cola" bauen. So viel Geld besaß Pemberton erstens nicht, und außerdem wusste er auch gar nicht, ob seine Idee wirklich ein Erfolg werden würde. Pemberton braute sein Tonicum in einem Bottich hinter seinem Haus. Der dickflüssige Sirup sollte vor allem ein gutes Mittel gegen Kopfschmerzen und Müdigkeit sein. Schnell wurde aus Pembertons Erfindung, die eigentlich als Arznei gedacht war, etwas anderes. Mit Wasser verdünnt war der Sirup so erfrischend, dass daraus schnell ein beliebter Durstlöscher wurde. Es heißt, dass ein Mitarbeiter eines Drugstores, wo die Medizin verkauft wurde, zufällig auf diese Idee gekommen war.

Unten: Werbung für „Pemberton's französische Wein-Cola". Wer würde glauben, dass dieses Plakat aus dem vergangenen Jahrhundert für Coca-Cola wirbt? Damals wollte der Apotheker Pemberton seine Erfindung noch als Heilmittel verkaufen.

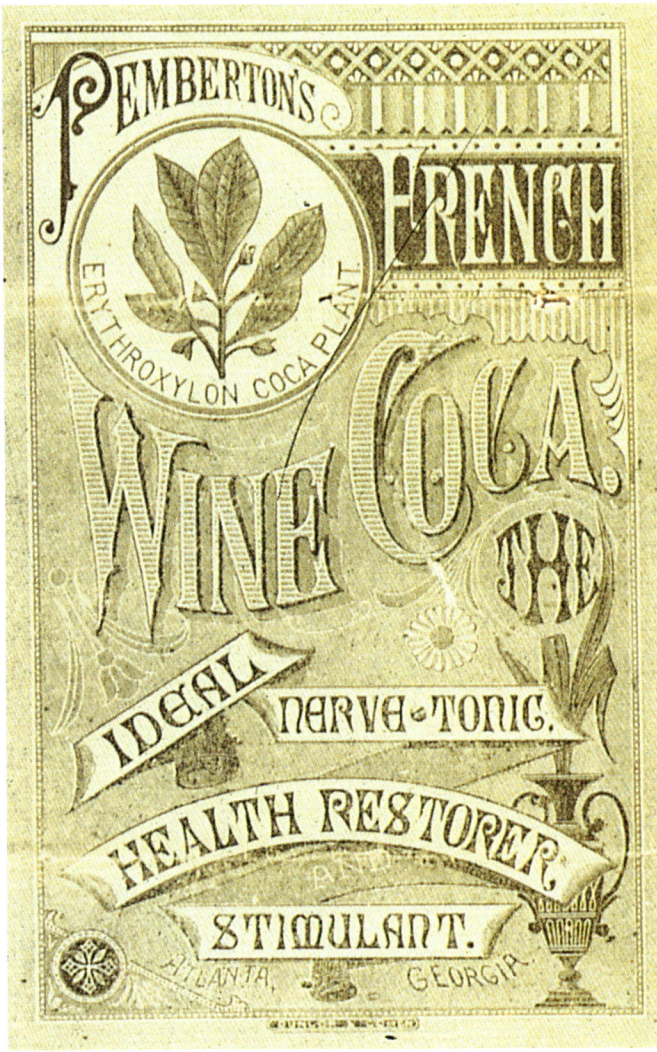

Da Pemberton ziemlich schnell klar wurde, dass er von einem Erfrischungsgetränk ungleich größere Mengen verkaufen würde als von einer Arznei, kam ihm der Gedanke, aus seiner Kopfschmerz-Medizin eine Limonade zu machen, indem er sie mit Sodawasser mischte.

Wie wurde die Coca-Cola zur Brause?

Diese Art, den Zweck einer Ware zu verändern, nennt man heute auch Produktentwicklung. In vielen modernen Unternehmen sind dafür Hunderte von Menschen zuständig. Ihre Aufgabe ist es sich zu überlegen, welche unterschiedlichen Arten von Gebrauchsnutzen ein Produkt für möglichst viele Menschen haben kann. Je höher und vielfältiger der Gebrauchsnutzen eines Produktes ist, desto mehr Käufer werden sich dafür gewinnen lassen.

Am 8. Mai 1886 ging Mister Pemberton zu einem Laden ganz in der Nähe seines eigenen Geschäftes – Jacob's Pharmacy. Der Besitzer hatte nämlich eine sogenannte „Soda-Fontäne". Das ist eine Maschine, die mit Kohlensäure aus Wasser ein sprudelndes Getränk macht. Dann kommt der dickflüssige, süße Sirup dazu, und so entsteht ein erfrischendes und zugleich geschmackvolles Getränk für heiße Tage.

In diese Maschine nun durfte Pemberton seinen Sirup schütten und sein Nachbar bot die dunkle, perlende Flüssigkeit den ersten Besuchern seines Geschäftes zur Probe an.

Das neue prickelnde Getränk war gleich ein Erfolg bei den Kunden, die dort hinkamen, um ein Glas aus der Soda-Fontäne zu trinken. Fortan wurde Pembertons Getränk ständig aus dieser Fontäne verkauft – es sollte nicht die einzige bleiben.

Wir haben nun bereits erfahren,

wie das „Heilmittel" aus der Apotheke seine neue und ganz große Karriere als Erfrischungsgetränk für durstige Leute in Angriff nehmen konnte. Doch vor der weiteren Verbreitung des Sirups stand eine ganz einfache Frage vieler Kunden, die ihren Bekannten die Brause aus dem Hause Pemberton empfehlen wollten: „Wie heißt es überhaupt, das neue Getränk?"

Das war eine Frage, mit der sich der Apotheker Pemberton noch gar nicht befasst hatte. Aber glücklicherweise arbeitete der Amerikaner nicht ganz allein in seiner Firma. Sein Geschäftspartner Frank Robinson schlug den Namen „Coca-Cola Sirup und Extrakt" vor. Diese Bezeichnung setzte sich in der Kurzform schließlich durch: Der Markenname „Coca-Cola" war geboren.

Wer einmal genau darüber nachdenkt, wird schnell bemerken, dass viele erfolgreiche Produkte solche ganz einfache Namen haben, die sich jedermann gut merken kann. Es gibt heutzutage sogar Firmen, die nichts anderes machen, als sich für die Produkte anderer Leute wohlklingende und gut einprägsame Namen auszudenken. So eine Person brauchte John Styth Pemberton allerdings nicht – er hatte glücklicherweise einen findigen Mitarbeiter.

Jacob's Pharmacy in Atlanta: Dort begann die Coca-Cola 1886 ihren Siegeszug.

Oben ein Gratis-Gutschein für ein Glas Coca-Cola: Eine der ersten Ideen, um das neue Produkt bekannter zu machen.

DIE GESCHÄFTSIDEE

Ohne Ideen kein Erfolg – so einfach funktioniert das. Das heißt aber noch lange nicht, dass jede Idee gleich ein Erfolg ist. Eine Geschäftsidee kann sich nur gegen unzählige andere durchsetzen, wenn sie viel besser als diese ist, und die Kunden auch genau nach diesem Angebot suchen. Pembertons und später Candlers Idee war es, diese sogenannte Marktlücke zu nutzen: Die Menschen sind immer durstig, aber zu dieser Zeit – vor über einhundert Jahren – fehlte das richtige Getränk. Es sollte gut schmecken, leicht erreichbar, immer von gleicher Qualität und preiswert sein. Keine Wassermelone, kein Bier und keine andere Limonade erfüllte diese Forderungen. Und klares, kaltes Wasser schmeckt eben nach nichts.

Eine Idee ist allerdings nicht viel wert, wenn man nicht weiß, wie daraus ein Geschäft zu machen ist. Dieses Wissen um die Organisation eines Unternehmens oder die Beschaffung von Kapital unterscheidet gute von schlechten Unternehmern.

Bei der Wahl des Namens für das Produkt aus dem Drugstore zeigt sich schon, wie wichtig neben der einprägsamen Bezeichnung ein ebenso gut zu merkendes Erscheinungsbild für den Erfolg eines Produktes ist: Pembertons Kollege Robinson dachte sich nämlich gleich, dass die zwei „C" am Anfang der Worte gut auf einem großen Werbeplakat aussehen würden. Pembertons Mitarbeiter schrieb den neuen Namen überdies in seiner verschnörkelten Handschrift auf Papier – und dieser Schriftzug ist bis heute der als Markenzeichen geschützte Name von Coca-Cola.

Frank M.
Robinson

Es ist für einen Unternehmer sehr hilfreich, seine Mitarbeiter möglichst oft nach eigenen Vorschlägen zu befragen und sie in Entscheidungen einzubeziehen – dieses Geheimnis erfolgreicher Unternehmer kannte schon Mister Pemberton. Sein Mitarbeiter Robinson hatte der Marke ihren Namen und ihr Gesicht gegeben.

Das neue Erfrischungsgetränk

Warum mochten gleich so viele Leute Coca-Cola?

schmeckte den Menschen im heißen Süden der USA sehr gut. Das war natürlich wesentlich für den umwerfenden Erfolg der neuen Limonade. Aber das ist nicht der einzige Grund dafür, dass es so schnell Käufer für das neue Produkt gab. Coca-Cola war nämlich auch sehr preiswert.

Manche Unternehmer wollen luxuriöse Sachen an wenige Menschen

verkaufen. Dafür können sie einen hohen Preis verlangen. Pemberton wollte genau das Gegenteil: Jeder sollte sich ein Glas Coca-Cola leisten können. Er wollte einen sogenannten Massenmarkt erschließen. Darum verlangte er lange Zeit nur fünf Cent für ein Glas, das sind nach heutigem Wert etwa acht Pfennige, neun Rappen oder 60 Groschen. So konnte Pemberton in den ersten Jahren mehreren Läden mit Soda- Fontänen seinen Sirup verkaufen. Über die Stadt Atlanta hinaus kannte aber kaum jemand Coca-Cola. Denn dort konnte man es nicht kaufen. Das hatte einen einfachen Grund: Pemberton fehlte nämlich das Geld, um sein Erfrischungsgetränk bekannter zu machen und auch in anderen Städten anzubieten. Deswegen verkaufte Pemberton schließlich einen Teil seiner Firma an andere Menschen, um mehr Geld für sein Geschäft zu bekommen. Mehr als 13 Gläser am Tag hat er aber in den ersten Jahren trotzdem nicht an den Kunden gebracht.

Links: Dieses Werbe-plakat mit elegant gekleideten Coca-Cola Trinkern sagt aus: Wer Coca-Cola trinkt ist etwas ganz Besonderes oder wie wir heute sagen würden: Coca-Cola ist „in".

Wie wurde Coca-Cola bekannter?

Kurz bevor John Styth Pemberton 1888 starb, verkaufte der Erfinder auch seine letzten Firmen-Anteile und die geheime Formel für den Coca-Cola Sirup an Asa Griggs Candler, einen Investoren mit großen unternehmerischen Plänen. Candler kaufte auch die Anteile der anderen Eigentümer für insgesamt 2300 Dollar. Das Kapital musste er sich teilweise von anderen Geldgebern leihen. Das Risiko, Schulden zu machen, war ihm der Kauf wert.

Asa G. Candler

Diese Verkaufspuppe aus den 20er Jahren forderte die Kunden mit einem freundlichen Lächeln auf, sich eine Flasche Coca-Cola mitzunehmen. Man nennt solche Puppen, Schilder oder Ständer auch Verkaufs-hilfen.

Denn Candler hatte damals schon erkannt, welche Absatzmöglichkeiten in dem Getränk schlummerten.

Aus dem Produkt Coca-Cola formte Candler 1892 zusammen mit seinem Bruder und zwei anderen Geschäftsleuten „The Coca-Cola Company" – aus einem neuen Sirup war jetzt ein richtiges Unternehmen mit Maschinen, Fabrikgebäude, Vertrieb und Buchhaltung geworden. Der Wert aller dieser Dinge wurde damals schon mit 100 000 Dollar angegeben, rund 44-mal soviel wie der Kaufpreis, den Candler bezahlt hatte. Die Investition hätte sich also schon gelohnt, wenn Mister Candler sein Unternehmen damals einfach wieder an jemand anderen verkauft hätte.

Links: Sold every-where – das heißt: Es wird überall verkauft. Immer und überall verfügbar sein – auch das ist ein Erfolgsrezept von Coca-Cola.

Links: Aus verschnörkelten Porzellangefäßen wie diesem wurde anfangs der Sirup gezapft. Heute kennen wir Coca-Cola ganz anders!

DAS WACHSTUM

Am Anfang gab es Coca-Cola nur in Jacob's Pharmacy, später auch in anderen Läden Atlantas und heute auf der ganzen Welt. Beliebte Produkte werden oft von immer mehr Leuten verlangt – und die Firmen, die sie herstellen, werden darum immer größer. In der Marktwirtschaft streben alle erfolgreichen Unternehmen danach, sich in dieser Form zu entwickeln.

Wenn ein Unternehmen in einem Jahr mehr Gewinn erzielt oder mehr Produkte verkauft als im Vorjahr, dann ist es gewachsen. Es kann dann neue Fabriken eröffnen, mehr Menschen beschäftigen oder seinen Aktionären ihren Gewinnanteil, die Dividende, zahlen. Wachstum kann auch bedeuten, dass ein Unternehmen zwar nicht mehr Produkte verkauft, aber bessere Produkte zu einem höheren Preis.

Der neue Eigentümer Asa Candler hatte sich von Anbeginn ganz bestimmte Ziele gesteckt. Er wollte sein Produkt mit folgenden drei Grundsätzen verkaufen:

Was waren die Ziele der neuen Firma?

• Coca-Cola sollte zu einem Teil des täglichen Lebens der Menschen werden,

• das Getränk sollte sich jeder leisten können und

• Coca-Cola sollte überall dort zu kaufen sein, wo Menschen durstig sind.

Diese Unternehmens-Grundsätze gelten noch heute, denn sie erwiesen sich als richtig. Mit dieser Einstellung und viel Fleiß wurde das Unternehmen rasch größer und sein Produkt wurde auch weit außerhalb der Stadt Atlanta bekannt. Noch vor der Jahrhundertwende zum Jahr 1900 konnte Candler viele weitere Coca-Cola Sirup-Fabriken überall in den USA und sogar in Kanada, auf der Insel Hawaii und in Mexiko errichten.

Das war aus Kostengründen unbedingt notwendig. Von der Zentrale in Atlanta aus wäre es viel zu teuer gewesen, die Fässer mit dem Sirup zum Beispiel über viele tausend Kilometer bis nach Kalifornien zu fahren. Es hätte dann zu einem höheren Preis verkauft werden müssen, den sich viele Menschen damals nicht mehr hätten leisten können. Deshalb war es günstiger, gleich dort das fertige Getränk herzustellen.

Geschäftsleute müssen genau überlegen, an welchem Ort und wie groß sie eine Fabrik bauen. Das ist sehr wichtig. Einerseits darf die Fabrik

In solchen Tonkrügen lieferte Biedenharn Coca-Cola an Arbeiter auf dem Feld. In den Krügen blieb die Coca-Cola auch in der Tageshitze länger kühl. Dieser Krug ist also gewissermaßen der Vorläufer der Coca-Cola Flasche oder auch der Dose.

Coca-Cola frisch vom Fass: Auch solche Angebote gab es früher.

Feldarbeit in der Hitze macht einen riesigen Durst – und kilometerweit laufen, um ihn zu löschen, konnten und wollten die Leute nicht.

Jacob's Pharmacy von innen: Hier wurden die ersten Gläser Coca-Cola ausgeschenkt und getrunken!

nicht zu groß geplant werden. Sie soll nicht mehr Waren herstellen, als die Firma auch verkaufen kann. Sie darf andererseits aber auch nicht zu klein sein. Denn wenn zu wenig von einem Produkt da ist, werden die Kunden eine andere Ware kaufen.

Auch Asa Candler musste sich solche Dinge genau überlegen. Denn er verkaufte bereits Millionen Gläser Coca-Cola pro Jahr. Der Sirup für die Soda-Fontänen wurde an die abgelegensten Orte Nord- und Mittelamerikas geschickt und dort nach einem genau vorgeschriebenen Verhältnis mit dem Sprudelwasser zu Coca-Cola gemischt. Das hielt der Unternehmer Candler für die beste Art, sein Getränk an möglichst viele Menschen zu verkaufen. Aber andere Leute hatten eine bessere Idee.

Schon 1894 füllte Joseph Biedenharn, ein Coca-Cola Händler aus dem südlichen US-Staat Mississippi, die fertige Limonade in Krüge um und verkaufte diese Behälter dann an Feldarbeiter auf den großen Plantagen. Die Arbeiter auf diesen häufig abgelegenen Feldern hatten nämlich keine Zeit oder Lust, für jedes Glas Coca-Cola eigens in die nächste Stadt zu fahren, wo Biedenharn einen Laden besaß. Der Händler schlug dem Chef von Coca-Cola vor, das Getränk gleich fertig gemischt in Flaschen zu verkaufen – aber Candler fand diese Idee nicht gut. Denn er glaubte, dass die Soda-Fontänen keine guten Geschäfte mehr machen könnten, wenn Coca-Cola in Flaschen verkauft würde. Damit übersah Candler eine große unternehmerische Chance. Das große Geld mit der guten Idee machten schließlich andere Geschäftsleute.

Dem Coca-Cola Händler Joseph Biedenharn, von dem auf der vorherigen Seite die Rede war, gelang es nicht, seine Idee in die Tat umzusetzen. Denn die vielen Flaschen herzustellen, gebraucht wieder einzusammeln, zu reinigen und neu zu befüllen, war eine sehr teure Angelegenheit. Und Mister Biedenharn konnte sich wohl nicht vorstellen, wie er das alles finanzieren sollte.

Trotzdem traten schon wenige Jahre später Coca-Cola Flaschen ihren Siegeszug um die Welt an: Zwei junge Rechtsanwälte fanden die Idee von Coca-Cola in Flaschen ebenso gut wie Biedenharn – und schafften es, sie zu verwirklichen, ob-

*Coca-Cola in Flaschen:
Was heute selbstverständlich ist, war zur Zeit
Joseph Biedenharns eine revolutionäre Idee.*

wohl sie auch nicht viel reicher waren als Biedenharn – sie hatten bloß die richtige Geschäftsidee. Benjamin Thomas und Joseph Whitehead machten dem Coca-Cola Chef Candler einen Vorschlag: Wenn er sein beliebtes Getränk nicht selber in Flaschen abfüllen möchte, könne er doch dieses Recht an die beiden Jung-Unternehmer verkaufen. Candler hatte nichts dagegen. Er verkaufte den beiden die Lizenz zum Coca-Cola Abfüllen für einen Dollar.

Das war kein gewinnbringender Vertrag für Candler. Denn die beiden Lizenznehmer machten aus der Er-

laubnis, als Einzige Coca-Cola in Flaschen zu füllen, ein Riesengeschäft. Thomas und Whitehead hatten zwar auch nicht so viel Geld, überall die teuren Abfüllanlagen zu errichten – wo hunderttausende von Flaschen von großen Maschinen rasend schnell befüllt werden konnten. Aber sie wussten, woher das Kapital dafür kommen konnte: Geschäftsleuten in den verschiedensten Orten der Vereinigten Staaten boten sie an, die Abfüllanlagen selbst zu bauen und dafür die Verkaufspreise des Getränks behalten zu können. Den Namen oder gar die Mixtur durften sie natürlich nicht ändern. Im Gegenzug sollten diese Geschäftsmänner wiederum sogenannte Lizenzgebühren an die beiden Juristen bezahlen.

Diese clevere Idee, die „Franchising" genannt wird, kam hervorragend an. Denn auch die Investoren, also diejenigen, die eine Abfülllizenz kauften, waren davon überzeugt, dass die Menschen von Coca-Cola nicht genug bekommen konnten. Thomas und Whitehead verkauften viele Lizenzen zum Bau von Abfüllanlagen. Innerhalb von zwanzig Jahren entstanden mehr als tausend solcher Fabriken. Schon 1928 wurde mehr Coca-Cola in Flaschen als in Gläsern aus den Soda-Fontänen gekauft.

Franchising ist das Geschäftsprinzip, mit dem Coca-Cola auch heute noch arbeitet. Auf deutsch nennt man es auch „Konzessionssystem". Viele Geschäftsleute können so an der Verbreitung des Produktes mitverdienen. Das ist ein Anreiz für diese Unternehmer, möglichst viele Flaschen zu verkaufen.

Coca-Cola in Flaschen: In solchen Häusern standen die ersten „Fabriken", die Abfüllanlagen, in denen clevere Geschäftsleute das neue Gebräu herstellen durften – gegen Lizenzgebühr.

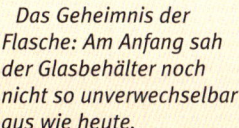

Das Geheimnis der Flasche: Am Anfang sah der Glasbehälter noch nicht so unverwechselbar aus wie heute.

Eine Coca-Cola Abfüllanlage aus der Zeit von Thomas und Whitehead.

Wie wurde Coca-Cola zu einer Aktiengesellschaft?

1919, der Erste Weltkrieg war gerade zu Ende gegangen, verkaufte die Familie Candler ihre Anteile an dem Unternehmen Coca-Cola – für 25 Millionen Dollar. Das ist fast 11 000-mal so viel, wie Asa Candler rund dreißig Jahre zuvor für den Kauf des Unternehmens ausgegeben hatte! Daran erkennt man bereits, wie erfolgreich die Firma bis dahin gewirtschaftet haben muss. Denn für ein glückloses Unternehmen hätte sicher kein Mensch so viel Geld ausgegeben.

Die Käufer der erfolgreichen Firma waren einige sehr reiche Investoren, und ihr Sprecher hieß Ernest Woodruff. Sein Beruf war Bankier und so kannte er sich mit Geldgeschäften sehr gut aus. Woodruff und seine Mit-Investoren behielten die Firma aber nicht für sich allein. Sie machten aus Coca-Cola eine sogenannte Aktiengesellschaft (kurz: AG), die nicht nur einigen wenigen Leuten gehörte, sondern anteilig vielen sogenannten Teilhabern oder Aktionären. Jedermann konnte sich nun Anteile an dem Unternehmen Coca-Cola an der Börse kaufen.

Woodruffs Sohn interessierte sich aber nicht nur für die Finanzen von Coca-Cola. Robert Winship Woodruff wurde 1923 sogar Firmenchef und blieb es über dreißig Jahre lang. In dieser Zeit hatte das Unternehmen viele Verkaufserfolge. Denn der neue Chef brachte viele Eigenschaften mit, die einen erfolgreichen Unternehmer auszeichnen. Vor allem hatte Robert Woodruff eine Leitvorstellung davon, was Coca-Cola leisten müsse und was das Produkt und die Firma nicht tun dürfen. Er wusste bereits sehr genau, dass Glaubwürdigkeit eine wichtige Eigenschaft einer Ware ist – aber davon später mehr.

Woodruff wollte überdies, dass die Mitarbeiter ihr Produkt mögen und dazu stehen – sie sollten stolz darauf sein, für Coca-Cola zu arbeiten. Was hinter dieser Idee steckt, ist für jede Firma sehr wichtig: Denn wenn schon die eigenen Mitarbeiter ihr Unternehmen und seine Produkte nicht so gut wie andere finden, wird sich dieser Gedanke auch außerhalb der Firma schnell verfestigen. Deshalb muss ein erfolgreicher Unternehmer auch viel dafür tun, dass sich

Mister Coca-Cola: Robert Woodruff hat zwar die Brause nicht erfunden, aber unter seiner Führung wurde die Firma zum weltumspannenden Hersteller von Erfrischungsgetränken.

Nachdem es Coca-Cola auch in Flaschen zu kaufen gab, fuhren schon bald die ersten Coca-Cola Lkws durchs Land.

seine eigenen Mitarbeiter wohl fühlen und sich nicht schämen müssen, für ihr Unternehmen zu arbeiten. Das ist ein weiteres wichtiges Geheimnis des Erfolgs.

Damit sich Arbeitnehmer wohl fühlen, brauchen sie ein gutes Gehalt und sorgten für einen guten Ruf des Unternehmens.

Ein dritter wichtiger Grundsatz Woodruffs war es, dass das Produkt Coca-Cola einfach bleibt. Das bedeutet, es sollte überall gleich viel kosten, die Flasche sollte unverwechselbar

So sah 1919 die erste Coca-Cola Aktie aus.

und angenehme Arbeitsbedingungen. Woodruff wollte stets seine Geschäftspartner am Erfolg des Unternehmens teilhaben lassen. Und auch den einfachen Arbeitern, etwa in der großen Fabrik in Atlanta, zahlte Coca-Cola meist etwas mehr Geld als andere Unternehmen am Ort. So blieben viele Menschen der Firma lange treu

sein und natürlich sollte Coca-Cola stets wie Coca-Cola schmecken. Mit diesen Grundsätzen im Hinterkopf fällte der Chef seine täglichen Entscheidungen – und es sollten meist die richtigen für die Firma sein. Denn das Unternehmen wurde immer größer, mehr und mehr Menschen wurden Coca-Cola Trinker.

DIE AKTIENGESELLSCHAFT
Wenn der Besitzer eines Unternehmens ein gutes Produkt hat, aber zu wenig Geld, um es überall anzubieten, ist die Aktiengesellschaft eine Lösung. Denn es gibt immer Menschen, denen es umgekehrt geht: Sie haben zwar Geld, wollen es aber nicht nur im Sparstrumpf lassen, sondern suchen eine gute Geldanlage. Diesen Menschen kann der Unternehmensbesitzer nun anbieten, einen Teil seiner Firma in Form von Aktien an der Börse zu erwerben. Damit gehört ihm das Unternehmen allerdings nicht mehr allein. Jedes Jahr muss der Firmenchef nun den Aktionären seinen Bericht über die Entwicklung der Geschäfte vorlegen. Hat das Unternehmen einen Gewinn gemacht, bekommen die Aktionäre davon so viel, wie ihr Anteil an der Firma ausmacht. Außerdem können sie ihren Anteil an der Firma jederzeit wieder verkaufen. Wenn das Unternehmen erfolgreich war, bekommen sie dann oft mehr dafür, als sie ausgegeben haben. Eine Aktie von Coca-Cola etwa kostete 1919 rund 40 Dollar. Heute wäre sie mehr als 20 000 Dollar wert.

Coca-Cola war ein beliebtes Getränk, doch natürlich nicht das einzige. Und auch fleißige Manager konnten der Brause nicht alle Kundenkreise eröffnen. Denn

Warum stieg in den USA ab 1919 die Nachfrage nach Erfrischungsgetränken?

nicht nur Fleiß und Arbeit sind dafür verantwortlich, dass eine Firma mit einem Produkt einen so unvergleichlichen Erfolg hat wie Coca-Cola. Auch das Glück spielte eine ganz wichtige Rolle beim weiteren Aufstieg der Getränke-Firma.

1919 beschloss die amerikanische Regierung, in den gesamten USA alle alkoholischen Getränke zu verbieten – 14 Jahre lang durfte in dem rie-

Regierungsbeamte zerstören Bierfässer, die als Schmieröllieferung getarnt sind. Viele lang durfte nirgendwo in den USA ein alkoholisches Erfrischungsgetränk verkauft werde Das Alkoholverbot nannte man „Prohibition".

sigen Land mit seinen Dutzenden Millionen Verbrauchern niemand einen Tropfen Bier, Wein oder Schnaps trinken. So kam es, dass die Nachfrage an nicht-alkoholischen Getränken, sogenannten Softdrinks, stark zunahm. Und das war ein entscheidender Vorteil für ein Getränk wie Coca-Cola, das sowieso schon seit Jahren bekannt und beliebt war. So verhalf das Verbot der alkoholischen Konkurrenten dem Erfrischungsgetränk – und seinem Hersteller – zu einem weiteren rasanten Aufschwung: 70 Millionen Liter Coca-Cola wurden Anfang der 30er Jahre bereits verkauft, und das nicht nur in Nordamerika, sondern auch bereits in anderen Teilen der Welt. Aber davon werden wir später noch mehr hören.

Oben im Bild die „World of Coca-Cola", das Coca-Cola Museum in Atlanta, wo 1885 mit der Erfindung eines Kopfschmerzmittels alles begann. Von Atlanta aus wird das Unternehmen noch heute gesteuert. Hier lagert in einem Tresor die geheime Formel für die Coca-Cola Mixtur.

Links ein Schnappschuss aus der Zeit der Prohibition, der in Atlanta, der Geburtsstadt von Coca-Cola, aufgenommen wurde: Polizisten vernichten verbotene alkoholische Getränke.

DIE COCA-COLA FORMEL

Jedes Unternehmen auf der Welt strebt danach, ein beliebtes Produkt herzustellen, das kein Konkurrent so einfach nachmachen kann. Und die Firma aus Atlanta hat es tatsächlich geschafft, ihr Produkt so einzigartig zu machen, dass jeder es sofort am Geschmack erkennen und von ähnlichen Produkten unterscheiden kann. Aber kann in Coca-Cola ein Geheimnis sein? Auf jeder Flasche steht doch drauf, was drin ist: Wasser, Zucker, Koffein, natürliche Aromen und so weiter.

So einfach ist das natürlich nicht. Die geheime Formel, die sich John Pemberton vor über einhundert Jahren ausdachte, ist eines der bestgehüteten Geheimnisse der ganzen Welt und wird in einem dicken Panzerschrank in der Zentrale in Atlanta verwahrt. Nur ganz wenige Menschen wissen, in welchem Verhältnis die Bestandteile gemischt werden müssen – und dieses Geheimnis macht den Unterschied aus zwischen Coca- und den vielen Hundert anderen Colas überall auf der Welt. Zudem verbergen sich hinter der Bezeichnung „natürliche Aromen" eine Vielzahl von Geschmacksstoffen, die auch in Atlanta geheimnisvoll mit „Sieben X" umschrieben werden. Die genaue Coca-Cola Formel kennen nur eine Hand voll Leute auf der Welt – und sie arbeiten alle für The Coca-Cola Company.

Wie Coca-Cola auf der ganzen Welt bekannt wurde

Dwight D. Eisenhower gab den Auftrag, die amerikanischen Truppen mit Coca-Cola zu beliefern.

Nicht immer sind die Erfolge von Unternehmen mit glücklichen Umständen verbunden. Ein trauriges politisches Ereignis, das die Entwicklung von Coca-Cola beeinflusste, war der Zweite Weltkrieg. Von 1939 bis 1945 waren viele Länder in diesen Krieg verwickelt. Als 1941 japanische Truppen die USA angriffen, waren auch die USA am Krieg beteiligt. Amerikanische Soldaten mussten nun zur Verteidigung in die entferntesten Orte der Welt ausziehen und dort für ihr Land kämpfen.

Wie wurde Coca-Cola zum amerikanischen Symbol?

In den Vereinigten Staaten war Coca-Cola inzwischen zum Inbegriff des sogenannten „American way of life" geworden – also zum Symbol für die amerikanische Lebensart. Daher traf der damalige Chef von Coca-Cola, Robert F. Woodruff, eine wichtige Entscheidung: „Sorgt dafür, dass jeder Mann in Uniform seine Flasche Coca-Cola für fünf Cent erhält. Egal, wo er ist und was immer es die Company kostet."

Damit wollte Woodruff den amerikanischen Soldaten im Ausland ein Stück Heimatgefühl vermitteln – durch den vertrauten Geschmack von Coca-Cola und die liebgewonnene Form der Coke-Flasche sollten sie sich im Ausland ein bisschen an Zuhause erinnert fühlen.

Wie kam Coca-Cola zu den Soldaten?

Damit die amerikanischen Soldaten an der Front Coca-Cola bekommen konnten, mussten im Ausland Fabriken gebaut werden. So wurden bis Ende des Krieges 1945 in Nord-

24

What I want is a Coke

Coca-Cola im Krieg: Die Werbung nahm sich den alltäglichen Erlebnissen und der Welt der Kunden an – auch wenn die Erlebnisse nicht ganz alltäglich waren, wie zum Beispiel der Zweite Weltkrieg.

afrika, Asien und Europa mehr als 60 Abfüllanlagen gebaut. So gelangte Coca-Cola auch in Länder, deren Bewohner das Erfrischungsgetränk bislang nicht gekannt hatten.

Die Anlagen, in denen Coca-Cola während der Kriegszeit die Getränke für die amerikanischen Soldaten abfüllen ließ, wurden nach dem Krieg nicht abgerissen. Denn viele Menschen in Europa, Asien und Nordafrika waren auf den Coca-Cola Geschmack gekommen. Ihre Nachfrage lastete die neuen Abfüllanla-

Was geschah nach dem Krieg mit den neuen Verbreitungswegen?

gen auch aus, als die Soldaten wieder in die USA heimgekehrt waren.

Die Identifizierung mit den USA und amerikanischer Politik hatte für das Unternehmen Coca-Cola aber nicht nur Vorteile: Staatschefs und Regierungen, die politische Gegner der mächtigen USA waren, ließen ihre Ablehnung der amerikanischen Lebensart und Politik nämlich oft am Symbol Coca-Cola aus. Als etwa Israel und die arabischen Staaten in den sechziger Jahren Krieg führten, standen die USA auf Seiten der Israeliten. Arabische Staaten verboten daraufhin ihren Bürgern, Coca-Cola zu trinken. Auch auf Kuba, in China oder Nordkorea war Coca-Cola lange verboten.

Mittlerweile sind diese politischen Grenzen aber längst überwunden. Verbraucher auf der ganzen Welt können Coca-Cola in rund 200 Ländern genießen.

Auch Lazarettschwestern, die an den Einsatzorten der amerikanischen Soldaten stationiert waren, sollten sich im Krieg mit Coca-Cola erfrischen!

At ease... for refreshment

Siegeszug mit friedlichen Mitteln: Auch wenn Coca-Cola in manchen Ländern lange verboten war, ist es jetzt trotzdem beliebt – oder gerade deswegen? Hier eine Coca-Cola Werbung in der chinsesichen Hauptstadt Beijin. Dort gehört Coca-Cola mittlerweile auch schon zum täglichen Leben.

Wie kam Coca-Cola in andere Länder?

Der Erfolg von Coca-Cola, das zu einem weltweit beliebten Erfrischungsgetränk wurde, ist natürlich nicht dem Zufall zu verdanken.

Dahinter steckte vielmehr eine wohl durchdachte Geschäftsstrategie des Firmenchefs Robert Woodruff, die die Verbreitung der Produkte seiner Firma vergrößerte und beschleunigte. Das Unternehmen aus Atlanta begann bereits vor dem Ersten Weltkrieg, Coca-Cola mit einem ausgeklügelten System in ferne Länder zu verkaufen. Wir haben ja bereits darüber gelesen, dass schon die ersten Besitzer des Unternehmens überall in den USA und auch in daran angrenzenden Ländern Abfüllanlagen errichteten. Nach 1919 aber kam die Verbreitung richtig in Schwung.

Das Wachstum der Firma war natürlich kein Zufall: Die Umwandlung in eine Aktiengesellschaft mit sehr vielen Geldgebern ermöglichte es den Firmenlenkern, das gestiegene Kapital in die Vergrößerung der Firma zu investieren. Wer wächst, kann mehr produzieren, verdient mehr Geld und kann damit weiterwachsen oder den Gewinn investieren – das ist bei Firmen nicht anders als bei Privatleuten und ihren Ersparnissen.

Bereits im Jahr 1920 eröffnete Coca-Cola eine erste Abfüllanlage in Frankreich – viele tausend Kilometer vom Stammsitz in Atlanta entfernt.

Von der Kiste zum Automaten: Auch die Maschinen, an denen sich Durstige eine Coca-Cola ziehen können, wurden im Laufe der Zeit technisch immer raffinierter.

AUTOMATION

Wie kann sich ein Nahrungsmittel wie Coca-Cola in nur dreißig Jahren beinahe über die ganze Welt verbreiten? Wie ist es möglich, dass dieses Produkt in all diesen Ländern, ob eiskalt oder tropisch heiß, ob Großstadt oder Wüste, immer in derselben Qualität angeboten werden kann? Eine der Antworten auf diese faszinierende Frage lautet: Automation. Dieses Wort bedeutet, dass menschliche Arbeit durch eine Maschine ersetzt wird – aber dahinter steckt noch wesentlich mehr. Die Automation ist eine der größten Erfindungen der Menschheit, die unser Leben radikal verändert hat. Vor nicht einmal zweihundert Jahren nämlich wurden fast alle Gegenstände, die ein Mensch im täglichen Leben kaufen konnte, beinahe ausschließlich per Handarbeit und mit Hilfe einfacher Werkzeuge hergestellt. Sehr viele Dinge, die für uns heute alltäglich sind, waren deshalb früher sehr teuer. Nur wenige Menschen konnten sich diese leisten. Im Zeitalter der Automatisierung können viele Produkte günstig in großer Menge hergestellt werden – und sind dadurch für viele erschwinglich geworden.

Sechs Jahre darauf gründete Woodruff eine eigene Abteilung, die das Geschäft mit den vielen weit entfernten Auslands-Fabriken für die Firma reibungslos organisieren sollte. Ein paar Jahre später war das Geschäft jenseits der US-amerikanischen Grenzen sogar schon so wichtig, dass Coca-Cola eine eigene Firma gründete, um die Verteilung von Firmen-Lieferwagen, Fabriken, Flaschen, Werbematerial und anderem Zubehör möglichst gut zu organisieren: die Coca-Cola Export Corporation. So eine Firma, die zur überwiegenden Mehrheit oder wie in diesem Beispiel sogar vollständig einem anderen Unternehmen – der The Coca-Cola Company – gehört, nennt man auch Tochterfirma.

Solche Überlegungen zur Organisation sind sehr wichtig, vor allem, je größer ein Unternehmen wird. Denn Manager können sehr viel Geld vergeuden, wenn eine Investition schlecht geplant und organisiert ist. Das kann passieren, wenn in einem neuen Gebiet nicht genug Kunden wohnen, keine Arbeiter zur Verfügung stehen, die Straßen zu schlecht sind, Material fehlt oder aus tausend anderen Gründen. Manager müssen diese vielen kleinen Bestandteile einer funktionierenden Gesamtorganisation so zusammenfügen, dass nie zu viel oder zu wenig von den benötigten Dingen verfügbar ist. Gelingt ihnen das, nennt man ihre Arbeit „effizient".

Die Auslands-Geschäfte von Coca-Cola waren effizient. 1938 eröffnete das Unternehmen eine Abfüllanlage in Sydney, auf dem australischen Kontinent. Damit gab es für die Menschen (fast) auf der ganzen Welt die Möglichkeit, Coca-Cola zu kaufen – außer in der Antarktis. Aber da lebt ja eigentlich auch niemand.

Um das Getränk überall erhältlich zu machen, setzte Coca-Cola bereits sehr früh eigene Lkw-Flotten ein.

Ein Schweizer Coca-Cola Verkaufsstand in den 30er Jahren. Bis auf die Antarktis verfügte bald jeder Kontinent über ein dichtes Netz von Coca-Cola Verkaufsstellen.

Der eine Mitarbeiter geht gerade zu Bett, wenn der nächste am anderen Ende der Welt aufsteht. Ein Lieferwagen mit Coca-Cola Flaschen steht in Peking im Stau, während ein Schiff mit Sirup gerade den Hafen von Rotterdam in Holland verlässt. Und ein Chef des Unternehmens sitzt in Wien, sein Vorgesetzter aber in Atlanta. So sieht der Alltag für die Menschen bei Coca-Cola aus.

Eins ist deshalb in so einem Weltunternehmen klar: Wer in Korea und Kanada, Australien und Argentinien, der Schweiz und Chile zugleich ein immer absolut gleichbleibend gutes Produkt anbieten will, muss sehr genau aufpassen. Coca-Cola kontrolliert deshalb sorgfältig die verschiedenen Partner, damit das Getränk immer genau gleich schmeckt, gleichgültig ob der Kunde seine Dose Coca-Cola in Bangkok, Bern oder Brasilia kauft. Denn die gleichbleibende Qualität und der Geschmack sind die wesentlichen Eigenschaften dieses Produktes, auf die die Kunden vertrauen.

Die Firma verschickt den Sirup beziehungsweise das Konzentrat, das nach Geheimrezept zubereitet wird, an die Franchise-Partner mit den Abfüllanlagen. Dort wird Wasser, Kohlensäure und Zucker zugesetzt. Das Mischverhältnis muss genauestens mit den Vorgaben von Coca-Cola übereinstimmen. Überall in der Welt gibt es Mitarbeiter, die diese Qualitätsstandards ständig überprüfen.

Die Zentrale verkauft den Partnern auch Ausstattungen – über sechs Millionen Gegenstände im Jahr, mit denen Coca-Cola aufbe-

wahrt, serviert, abgefüllt oder transportiert werden kann. Über 100 000 Lastkraftwagen transportieren zum Beispiel täglich Coca-Cola irgendwo auf der Welt. Auch deswegen ist das Zeichen und der Schriftzug übrigens so bekannt: Einen Coca-Cola Lastwagen hat wohl jeder schon einmal gesehen – und er sieht in Amerika genauso aus wie in Afrika oder Asien.

Die Abfüllanlagen des Unternehmens sind sehr stark automatisiert:

Rollendes Erkennungszeichen: Der knallrote Weihnachts-Truck des Getränkeherstellers ist aus der Film- und Fernsehwerbung bekannt.

Coca-Cola international. Bis auf die Aufschrift gleichen sich die Flaschen in allen Ländern aufs Glaskörnchen genau.

Eine Arbeiterin in Coca-Cola Arbeitskleidung an einer modernen Abfüllanlage.

Das heißt, dass Maschinen überall für eine schnelle Befüllung der Behälter sorgen, das immer gleiche Verhältnis der Inhaltsstoffe kontrollieren und die leeren Flaschen reinigen, die in die Fabrik zurückkommen.

Solche häufig sehr langweiligen Aufgaben müssen Menschen nicht mehr übernehmen – sie überwachen nur die Automaten. Natürlich sind Maschinen auch viel schneller. Die einzelne Flasche bleibt dadurch so preiswert, wie die Firma das in ihren Grundsätzen als eines ihrer wichtigsten Ziele definiert hat. So bleibt Coca-Cola überall auf der Welt für die Menschen immer das, was sie kennen und erwarten, wenn sie sich eine Flasche davon kaufen.

Nicht nur mit der klassischen Coca-Cola, dem berühmten Erfrischungsgetränk, ist die Firma gewachsen. Neue Getränke und neue Verkaufsformen kamen hinzu – schließlich sind die Menschen und ihre Trinkgewohnheiten verschieden. Coca-Cola hat deshalb nach dem Zweiten Weltkrieg angefangen, seine sogenannte Produktpalette zu erweitern, zu „diversifizieren". Nach ersten Erfahrungen in den Kriegstagen begann die Firma, ab den Sechziger Jahren auch Coca-Cola in Dosen anzubieten. Vor diesem Schritt hatte der oberste Manager Woodruff lange zurückgeschreckt, weil er schon früh den besonderen Wert der typischen Coca-Cola Flasche erkannt hatte. Aber davon später mehr.

Außerdem gab es auch bereits Flaschen verschiedener Größen. Seit 1977 wird die Cola aus Atlanta auch in Plastikflaschen verkauft. Zusätzlich brachten die Hersteller auch Coca-Cola ohne Koffein, ohne Zucker und mit Kirsch-Geschmack heraus. Wenn es genug Menschen gibt, die sich solche Varianten eines Getränks wünschen, wird ein guter Hersteller sie auch anbieten – bevor es die Konkurrenz macht!

Welche Produkte bietet The Coca-Cola Company noch an?

DIVERSIFIKATION

Coca-Cola ist die Firma, die Coca-Cola herstellt. Aber Coca-Cola ist natürlich noch viel mehr. Denn mit dem Getränk Coca-Cola allein ließe sich der Erfolg des Firmenriesen nicht erklären. Mit einem einzigen Produkt kann ein Unternehmen nicht immer weiter wachsen – irgendwann haben es alle, die es mögen. Dieser Zustand wird auch Sättigung genannt. Deshalb versuchen Firmen, durch Diversifikation zu wachsen: Sie kaufen andere Firmen oder entwickeln neue Produkte. Die Firma Coca-Cola etwa stellt auch die Getränke Sprite und Fanta her, und hat erst vor kurzem ein großes französisches Unternehmen gekauft, das andere Erfrischungsgetränke herstellt.

Diversifikation ist immer ein sogenanntes unternehmerisches Risiko. Denn sie kostet Geld für Kauf oder Entwicklung. Und wenn die Menschen die neuen Produkte nicht mögen, kann ein Verlust entstehen.

Links: Die erste Coca-Cola Dose: Am Anfang nur als Notlösung gedacht, wurde die praktische Metallverpackung ein echter Verkaufsschlager.

Fanta ist eines der Erfolgsprodukte aus dem Hause Coca-Cola. Oben die Fanta im „alten" Design.

Am Design der verschiedenen Coca-Cola Dosen lässt sich der sich wandelnde Zeitgeschmack erkennen.

So sieht die „moderne" Fanta aus. Die leichte Plastik-Pfand-flasche erleichtert vielen Menschen den Einkauf mehrerer Liter Erfrischungs-getränke.

Coca-Cola verkauft auch Tafelwasser: Bonaqa.

Das Fruchtsaftge-tränk Cappy (rechts) und eine Coca-Cola ohne Zucker (unten) bieten für jedem Geschmack ein Coca-Cola Produkt.

MEHRWEGFLASCHE   Pfand zurück

Fanta

Orangenlimonade
gefärbt mit Beta-Carotin

Sie brauchen eine Pause!

Aber das Unternehmen wuchs auch durch den Verkauf anderer Erfrischungsgetränke wie Fanta oder Sprite. Fanta wurde übrigens im Jahre 1940 in Deutschland erfunden. Als die amerikanischen Manager merkten, wie gut es schmeckt, verkauften sie es auch in anderen Ländern der Welt. Heute ist Fanta eine der fünf meistgetrunkenen Erfrischungs-Limonaden der ganzen Welt.

Nicht jeder trinkt am liebsten Coca-Cola oder andere süße Erfrischungsgetränke. In manchen Ländern mögen die Menschen besonders gerne Tee, Kaffee oder Säfte – Coca-Cola stellt oder stellte deshalb auch solche Produkte her, um möglichst viele Kunden anzusprechen. Nicht immer fanden sich dafür aber genug Käufer, manchmal passte das neue Angebot auch einfach nicht zu den übrigen Produkten.

Ist der Umsatz von Coca-Cola nur mit Erfrischungsgetränken gewachsen?

Deshalb wird Wein, der 1977 in den USA den Kunden vorgestellt wurde, heute nicht mehr angeboten.

Coca-Cola hat sich entschlossen, sein Glück ausschließlich mit Erfrischungsgetränken zu machen – dazu gehören übrigens auch Säfte oder Wasser wie beispielsweise die Marken Cappy und Bonaqa, die dem Unternehmen aus Atlanta gehören.

1982 begann Coca-Cola sogar ein ganz anderes Geschäft: Der Getränkehersteller kaufte Columbia Pictures. Das ist eine Firma, die in Hollywood Kinofilme herstellt, aber auch Fernseh-Programme und Vi-

Auch wenn das Unternehmen mal in andere Bereiche „reinschnuppert" wie etwa ins Filmgeschäft – der Name Coca-Cola steht vor allem für eines: Erfrischungsgetränke!

Hier (fast) alle auf einen Blick: Eine Auswahl der verschiedenen Produkte, die das Unternehmen Coca-Cola heutzutage im deutschsprachigen Raum anbietet: Coca-Cola „klassisch", Cherry-Coke, Coca-Cola light, Bonaqa, Fanta in verschiedenen Geschmacksrichtungen – um nur einige zu nennen!

deos produziert. Solche Investitionen sind immer ein Risiko. Denn wer genau weiß, wie man erfolgreich Coca-Cola verkaufen kann, muss noch lange nicht tolle Filme drehen können. Ein Unternehmer muss sich also auf die Fachkenntnis anderer Manager verlassen, die er vielleicht gar nicht gut kennt. Aber etwas in neuen Betätigungsfeldern zu wagen, ist andererseits auch ein Kennzeichen erfolgreicher Unternehmen.

Ein anderes wichtiges Kennzeichen ist der richtige Riecher dafür, wann ein Unternehmer eine Firma wieder verkaufen sollte. Denn wer

etwas verkaufen will, sollte es stets dann anbieten, wenn sich die Käufer auch dafür interessieren – sonst wird nur wenig Gewinn damit zu machen sein. Das Coca-Cola Management hat das Gespür für diesen richtigen Zeitpunkt bewiesen: Als die Manager merkten, dass der Überblick über den Film-Markt zu schwierig und zeitaufwendig für Unternehmer ist, die sich sonst mehr mit anderen Erzeugnissen beschäftigen, hatten sie den Mut, diese Diversifizierung wieder zu stoppen. Die Coca-Cola Geschäftsleute haben die Columbia-Filmstudios inzwischen verkauft – und dabei eine Milliarde Dollar Gewinn gemacht.

33

Wer trifft in einer Firma, die über

Wie ist das Unternehmen heute organisiert?

den ganzen Erdball verteilt ist, die Entscheidungen? Für die ganz großen (oft auch „strategisch" genannten) Entscheidungen sind die obersten Manager zuständig. 14 Menschen sitzen in der Zentrale in Atlanta und sind davon abhängig, wie gut sie von ihren anderen Mitarbeitern darüber informiert werden, was bei Coca-Cola „läuft": wie die Verkaufszahlen sind, welches Produkt gerade nicht so gut ankommt und so weiter. Nur so können sie die richtigen Entscheidungen treffen und eine erfolgreiche Unternehmensstrategie entwickeln.

Jeder Manager hat einen bestimmten Aufgabenbereich – zum Beispiel den Vertrieb, die Finanzen oder das Marketing. Einer der Manager ist zudem offizieller Sprecher dieses Spitzenkreises. Diese Funktion hat in vielen Ländern unterschiedliche Namen. Oft sagen die Menschen einfach: Er ist der Chef.

Weil die Firma Coca-Cola besonders groß ist, hat sie sich in kleinere, sehr gut organisierte Einheiten unterteilt. Sie funktionieren jede für sich wie eine unabhängige Firma und sie sind nur für bestimmte Pro-

Bei Coca-Cola in Essen: So sieht der Empfangsraum aus.

dukte zuständig, nicht für die gesamte Produktpalette. So behalten alle Manager bessere Übersicht über die Geschäftsbereiche, für die sie die Verantwortung tragen. Das ist sehr wichtig, um gute Produkte herzustellen und Arbeitsplätze bei Coca-Cola zu erhalten.

Um langfristig und beständig erfolgreich zu sein, muss aber in einem modernen Unternehmen wie Coca-Cola auch jeder einzelne Mitarbeiter mitdenken. Ein Manager – oder auch mehrere hundert – können das ganze Wissen um die Zusammenhänge in einem so großen Unternehmen sonst nur schwer im Griff behalten.

Manager müssen auch entscheiden, wie in einem Unternehmen produziert wird. Dabei müssen sie verschiedene Dinge berücksichtigen: Was ist schnell und billig, aber auch: Was ist gut für die Mitarbeiter des Unternehmens? Das heißt zum Beispiel, dass schwere oder gefährliche Arbeiten von Maschinen und Robotern übernommen werden.

So sehen heute moderne Abfüllanlagen aus: Hier werden rasend schnell Dosen befüllt.

AUFSICHTSRAT

Auch die Spitzenmanager von Coca-Cola können nicht alles einfach so entscheiden, wie es ihnen gerade in den Sinn kommt. Denn ihnen gehört das Unternehmen nicht. Sie sind auch nur Angestellte.

Coca-Cola ist eine Aktiengesellschaft und gehört den Aktionären. Weil die aber nicht alle höchstpersönlich ihren Managern auf die Finger schauen können, wählen sie Vertreter, die diese Aufgabe für sie übernehmen und ihre Interessen vertreten. Diesen Menschen, die in Deutschland „Aufsichtsräte" heißen, müssen die Manager erklären, welche Strategien sie verfolgen und wie sie diese umsetzen wollen. Letztendlich entscheiden die Aufsichtsräte im Namen der Aktionäre, wie die Manager handeln sollen.

Fabriken, Transportfahrzeuge oder auch Geld auf der Bank – das alles ist Teil des Kapitals, auf das Coca-Cola zum erfolgreichen Wirtschaften angewiesen ist. Das wichtigste Kapital (und auch das wertvollste) für das Unternehmen aber sind seine Mitarbeiter. Kluge Manager wissen das. Sehr gute Arbeitnehmer sind schwer zu bekommen. Jede Firma hätte sie gerne. Und nicht so gute Mitarbeiter müssen mit viel Geld aus- und weitergebildet werden. Dementsprechend sorgsam müssen gute Unternehmer mit ihren Mitarbeitern umgehen.

Bei Coca-Cola sind heute sehr viele Spezialisten, etwa Chemiker, Computerfachleute oder Marketing-Manager, beschäftigt. Aber auch die Fabrikarbeiter versehen nicht mehr nur ganz einfache Arbeiten. Das erledigen Roboter und Computer. Fabrik-Personal muss häufig mehrere Maschinen überwachen, die Arbeit selbst organisieren oder auch einmal ein Gerät reparieren können. Die Arbeitnehmer in der Fabrik sind selbst eine Art Manager.

Mehr als 650 000 solcher Menschen sind heute an den verschiedensten Ecken der Welt bei Coca-Cola angestellt. Aber vom Erfolg des Brause-Konzerns sind noch viel mehr Personen abhängig: Denn auch Franchise-Partner, Abfüllanlagen oder Getränkegroßhandlungen wachsen mit dem Erfolg der Marke Coca-Cola. Mit einem Misserfolg aber kämen auch sie in große Schwierigkeiten – und damit mehr als 1 Million Menschen in aller Welt, die für Coca-Cola arbeiten. Und wer bedenkt, dass viele dieser Menschen auch noch eine Familie und Kinder haben, kann sich vorstellen, welche Folgen ein Misserfolg des Unternehmens Coca-Cola haben könnte.

Es ist besonders wichtig für den Erfolg eines modernen Unternehmens, dass alle diese Mitarbeiter

Diese Coca-Cola Arbeiter posieren stolz vor „ihrer" Abfüllanlage. Die Zufriedenheit der Mitarbeiter ist ein wichtiges Ziel des Managements.

möglichst gerne zur Arbeit gehen. Manager, Ingenieure, Lkw-Fahrer oder Verkäufer sollten Freude an ihrer Arbeit haben. Und sie alle müssen bei ihrer Arbeit stets wissen, welche Produkte die Kunden sich wünschen. Sonst beginnt ein Unternehmen irgendwann, sich für Wege zu entscheiden, die die Kunden nicht mitgehen wollen. Das heißt, die Produkte finden keinen Käufer mehr – und die Mitarbeiter der Konkurrenz ernten den Erfolg.

Wettbewerb ist wichtig, für Verbraucher, die Wirtschaft, den Staat und auch für die Unternehmen selbst. Denn durch Wettbewerber (auch Konkurrenten genannt) werden die Unternehmer in Bewegung gehalten. Wenn sie sich auf ihren Erfolgen ausruhen, wird der Konkurrent sie unweigerlich überholen. Solche Wettbewerber sind für Coca-Cola andere Getränke wie Limonade, Kaffee, Tee, Bier, Milch, Wein oder auch nur Wasser. In verschiedenen Ländern haben die Menschen häufig ganz andere Vorlieben; Geschmack ist außerdem oft eine Modeerscheinung, die sich ändern kann. Coca-Cola hat darauf mit neuen Geschmacksrichtungen oder anderen Produkten wie Saft, Eistee oder Wasser reagiert. Der größte Konkurrent von Coca-Cola ist jedoch – Cola. Denn die Firma Pepsi-Cola, die auch aus den USA kommt, ist mit ihrem etwas süßeren Getränk in vielen Ländern ähnlich erfolgreich wie Coca-Cola. Der harte Wettkampf zwischen den Verkäufern spornt die Firmen zu immer höheren Absatz-Leistungen an. Sogar im Weltraum haben beide Firmen schon Colatrinker gefunden. Amerikanische Astronauten hatten beide Colas als Proviant mit an Bord eines Raumschiffs.

In den Achtziger Jahren hat Coca-Cola sogar einmal das Rezept für sein Getränk geändert – in den USA war damals nämlich die süßere Pepsi-Cola bei den Menschen beliebter. Sie kauften mehr Pepsi- als Coca-Cola. Das wollte das Unternehmen wieder ändern. Jedoch war die „neue" Coca-Cola kein durchschlagender Erfolg bei den Kunden, die sich an ihre gute alte Coca-Cola

schon zu sehr gewöhnt hatten. Die Zentrale in Atlanta wurde deshalb sehr rasch bestürmt, auch das klassische Gebräu wieder in den USA anzubieten, was dann nach einigen Wochen passierte.

Diese Entscheidung war sehr wichtig und auch richtig. Denn schließlich bestimmt in einem erfolgreichen Unternehmen stets der Kunde, was produziert wird. Seitdem sind in den USA beide Coca-Cola Sorten im Angebot: die „klassische", nach dem über einhundert Jahre alten Rezept, und die „neue" für die Freunde süßerer Getränke. Insgesamt ergab sich durch diese schnelle Reaktion auf die Wünsche nach dem anfänglichen Fehler in der Einschätzung des Verbrauchergeschmacks am Ende doch noch ein Erfolg für den

Hersteller: Beide Getränke zusammen sorgten auch in den USA für ein weiteres Wachstum des Unternehmens Coca-Cola.

Wer Cola mag, denkt nicht automatisch an Coca-Cola. Der harte Konkurrent Pepsi macht dem Unternehmen in vielen Ländern schwer zu schaffen.

Oft haben Unternehmer ähnliche Ideen für neue Produkte. Und manchmal sieht auch einfach ein Manager, dass ein Konkurrent mit einem Produkt Erfolg hat. Dann versucht er, ein ähnliches anzubieten – nur billiger oder besser. Deshalb gibt es nicht nur *einen* Autohersteller, *eine* Cola oder *eine* Kameramarke.

Wo sind noch Märkte der Zukunft?

Kann man überhaupt noch mehr Coca-Cola als heute verkaufen? Ja! Aber wahrscheinlich in den weit entwickelten Industriestaaten nicht mehr so ungeheuer viel mehr; das hat der Hersteller – wie viele andere Produzenten auch – inzwischen erkannt. Denn in diesen Ländern werden auch in zehn Jahren nicht viel mehr Menschen leben als heute. Staaten wie China oder Indien, wo sehr viel mehr Menschen leben als in Europa oder Nordamerika, sind heute deswegen die wichtigsten Ziele des Unternehmens Coca-Cola. Dort wohnen zudem besonders viele junge Menschen. Und Jugendliche trinken gern und oft Cola.

Darum gibt das Unternehmen etwa für die Werbung oder neue Abfüllanlagen in diesen Ländern sehr viel Geld aus. Es sind Investitionen in das Wachstum der Zukunft. Diese neuen Mitarbeiter und Fabriken sind aber auch gut für die Menschen in der Heimat der

Coca-Cola oder Mitarbeiter etwa in Deutschland, der Schweiz oder Österreich. Denn wenn ein Unternehmen in Märkten der Zukunft aktiv und erfolgreich ist, verdient es auch genug Geld. Diese Gewinne kommen dann auch wieder den Mitarbeitern und Partnern in den Ländern zugute, in denen das Unterneh-

Auch im Weltraum konnte Coca-Cola schon Kunden gewinnen – die Astronauten – natürlich ist der Absatzmarkt im Weltraum aber immer noch begrenzt! Aus dieser speziell entwicklten Dose können Raumfahrer sogar in der Schwerelosigkeit trinken.

men seine Produkte schon lange verkauft. Besonders wichtig ist für dieses Wachstum der Zukunft richtiges Marketing, ein gutes Image und die passende Werbung. Darüber gibt es besonders bei Coca-Cola eine Menge zu erzählen.

Wie Coca-Cola seine Kunden gewinnt

Wozu braucht ein Unternehmen Werbung und Marketing?

Wer kennt das nicht: Manche Schüler sind zwar sehr fleißig und ihre Arbeit ist gut. Aber dennoch sind sie bei ihren Mitschülern in der Klasse nicht beliebt, weil sie ihnen nicht sympathisch sind.

Keine schöne Situation für Schüler – und auch für Unternehmen ist das ganz ähnlich. Denn was für Menschen gilt, trifft auch auf Produkte zu. Ein Produkt, das niemand mag, wird auch der fleißigste und cleverste Unternehmer nicht langfristig mit Erfolg verkaufen können. Das heißt aber noch lange nicht, dass jedes gute Produkt auch ein langfristiger Erfolg ist. Besonders wenn wie zum Beispiel bei Cola-Getränken viele Unternehmen mit ähnlich guten Produkten um die Verbraucher konkurrieren, sind noch ein paar andere Dinge überlebenswichtig. Denn dann ist es oft entscheidend, dass die Menschen mit dem Produkt besonders einverstanden sind, damit es Erfolg hat. Sie müssen diese Ware einfach lieber in ihren Einkaufskorb legen als eine andere.

Diese besonderen, positiven Eigenschaften des Produktes, die den Kunden dazu bringen es zu kaufen,

SCHUTZMARKE

MARKENZEICHEN

Welches Unternehmen trägt einen Stern? Mercedes. Und welches eine Muschel? Richtig: Shell. Diese Symbole sind weltbekannt – genauso wie der geschwungene Coca-Cola Schriftzug. Für ein großes Unternehmen, bei dem der Kunde den einzelnen Fabrikanten oder Händler nicht mehr persönlich kennt, sind diese Markenzeichen sehr wichtig und wertvoll. Denn sie zeigen dem Kunden schon von weitem an, was er erwarten kann. Gleich, ob er das Produkt in Kalkutta, Kiel oder Kairo kauft. Ihre Markenzeichen lassen sich die Hersteller darum schon seit vielen Jahrzehnten überall auf der Welt bei den Patentämtern schützen. Das sind staatliche Behörden, in denen sich ein Mensch seine Erfindung, Geschäftsidee oder auch nur das Zeichen dafür sichern lassen kann. Ein anderer darf sie dann nicht verwenden. Jeder Käufer kann das bereits auf der Coca-Cola Flasche erkennen, wo an einer bestimmten Stelle das Wort „Schutzmarke" oder die englische Bezeichnung dafür („Trademark") zu lesen ist; manchmal sieht man auch bloß das Zeichen ®. Diese Signale bedeuten: Achtung, lieber Käufer! Nur dieser Hersteller darf diesen Schriftzug, diesen Namen oder diese Farbe benutzen. Wer es fälscht, macht sich strafbar. Der jeweilige Staat garantiert damit, dass kein anderes Unternehmen dieses Zeichen für seine Produkte nutzen kann. Das Coca-Cola Markenzeichen ist besonders wertvoll. Eine Untersuchung belegt, dass alleine das Symbol mehrere Milliarden Mark wert wäre, wenn es zum Verkauf stünde. Aber das wird Coca-Cola wohl niemals machen.

Ideen muss man haben: Weil die Menschen mehrere Flaschen Coca-Cola schlecht tragen können, erfanden die Hersteller einen Karton dafür. Die Eigenschaft „praktisch" macht das Produkt sympathisch.

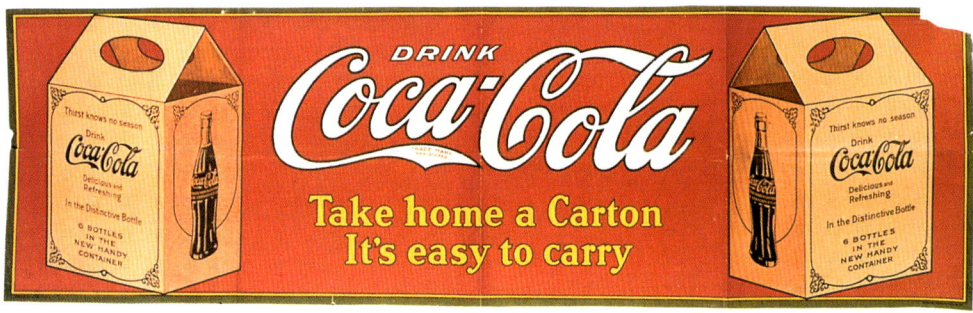

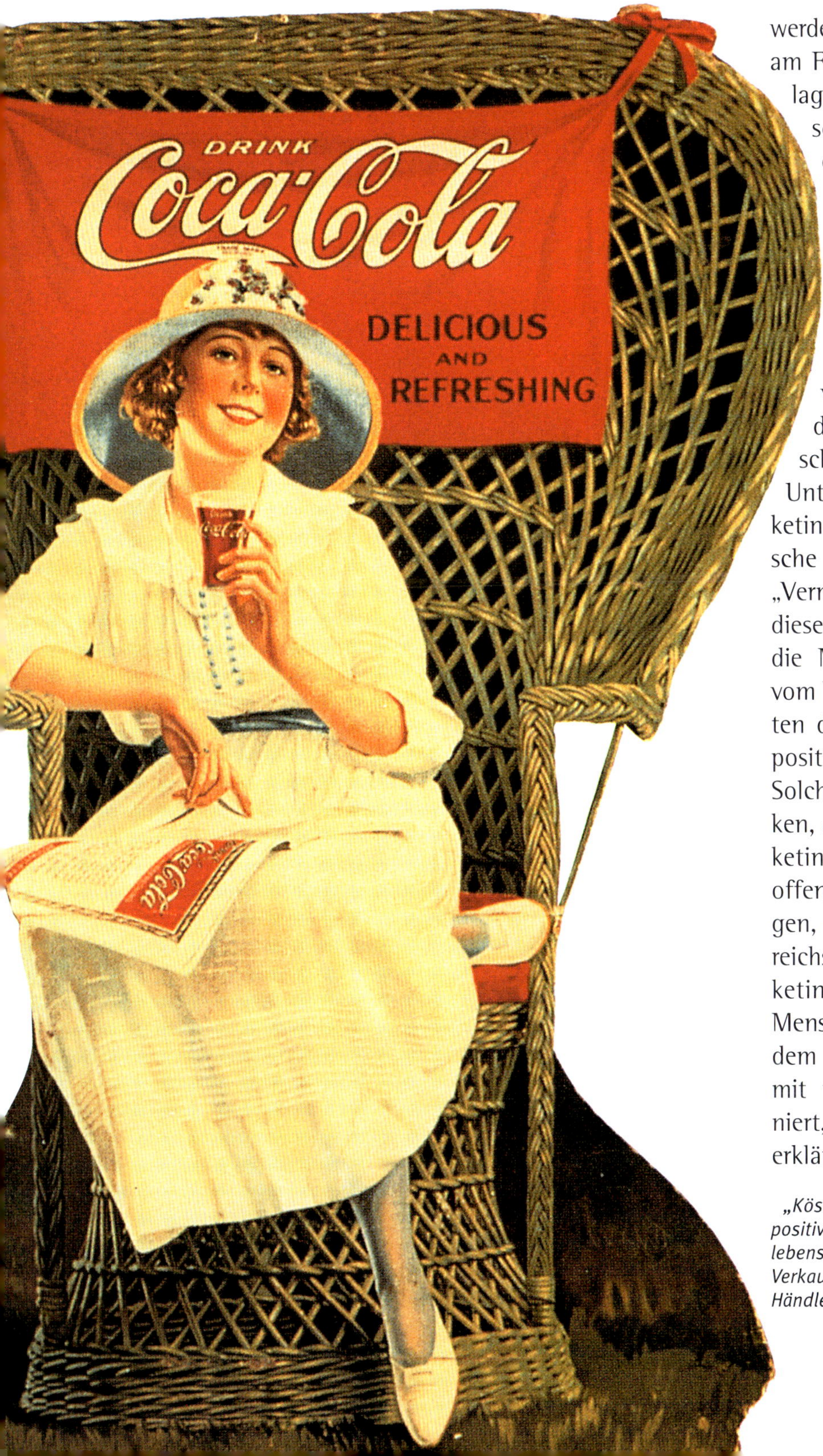

werden nicht durch fleißige Arbeit am Fließband oder in der Abfüllanlage produziert: Der Ruf oder das sogenannte Image eines Produktes und der Firma, die es herstellt, Werbung oder Markenzeichen – das sind wichtige Bestandteile eines Verkaufserfolges, die nur indirekt mit dem Produkt in Verbindung stehen. Sie haben dafür viel mit Gefühlen zu tun. Für diese „unsichtbaren" Eigenschaften ist eine Abteilung im Unternehmen zuständig, die „Marketing" genannt wird. Dieser englische Begriff bedeutet soviel wie „Vermarktung". Die Spezialisten in dieser Abteilung sorgen dafür, dass die Menschen eine gute Meinung vom Produkt haben und Eigenschaften damit verbinden, die besonders positiv und wünschenswert sind.

Solche Gefühle beim Kauf zu bewirken, das ist den Managern und Marketing-Spezialisten bei Coca-Cola offensichtlich besonders gut gelungen, sonst wäre es nicht das erfolgreichste Getränk der Welt. Das Marketing soll positive Gefühle der Menschen verstärken und sie mit dem Produkt verbinden. Wie und mit welchen Mitteln das funktioniert, wird auf den nächsten Seiten erklärt.

„Köstlich" und „erfrischend" sind die positiven Botschaften, die auf diesem lebensgroßen Papp-Aufsteller für den Verkaufsraum eines Coca-Cola Händlers „rüberkommen".

Coca-Cola erfrischt. Das weiß inzwischen jeder. Aber das war nicht immer so. Eine wichtige Aufgabe für ein erfolgreiches Unternehmen ist es,

Wie hat die Werbung Coca-Cola bekannt gemacht?

die Menschen erst einmal dazu zu bringen, ihr Produkt kennenzulernen.

Das wusste auch schon der Erfinder des Coca-Cola Rezeptes, John S. Pemberton. Er machte sich schon vor über einhundert Jahren Gedanken, wie er möglichst viele Menschen von seinem Getränk überzeugen konnte. Dass er seinen Sirup an die Soda-Fontänen weitergab, um ihn über diesen Weg mehr Menschen bekannt zu machen, war eine sehr kluge Marketing-Idee. Denn so kamen viele Menschen in Kontakt mit seinem Produkt.

Mit Werbung kann ein Unternehmen seinen Namen viel bekannter machen, das war auch schon vor einhundert Jahren bekannt. Für teure Anzeigen oder Plakate in anderen Verbreitungsgebieten oder gar den ganzen USA fehlte Pemberton das Geld. Außer ein paar Anzeigen in der lokalen Tageszeitung und handgemalten Plakaten konnte er sich keine Reklame leisten. Deswegen war Coca-Cola bei Pembertons Tod kaum über Atlanta hinaus bekannt.

Das änderte sich mit dem neuen Eigentümer Asa Candler. Er schaffte es, die beiden größten Hemmnisse für den Erfolg des neuen Produktes zu beseitigen. Bis dahin nämlich kannten die meisten Menschen weder den Namen des Getränkes noch wussten sie wie es schmeckte.

Candlers Idee zur Verbreitung des Erfrischungsgetränkes war ganz einfach aber sehr wirksam: Er verschenkte Gutscheine für ein Gratis-

glas Coca-Cola! Der Unternehmer rechnete sich ganz richtig aus, dass ein so wohlschmeckendes Getränk auf diesem Weg viele neue Anhänger gewinnen würde.

Und tatsächlich: Nachdem sie ihre erste Coca-Cola kostenlos probiert hatten, tranken die meisten Menschen in den neuen Verkaufsorten überall in Amerika noch viele andere Gläser – und bezahlten dann jeweils fünf Cent dafür. Sie waren auf den Geschmack gekommen.

Durch diese und eine ganze Menge anderer Marketing-Ideen setzte sich Coca-Cola schließlich durch – zuerst in den USA und später auf der ganzen Welt.

Am Anfang war alles noch ganz einfach: So „unattraktiv" sah die erste Coca-Cola Werbung aus. Selbst den berühmten Schriftzug gab es damals noch nicht!

Und so sieht Werbung heute aus. Hier wird Coca-Cola ins tägliche Leben miteinbezogen. Die Botschaft lautet auch hier: Coca-Cola macht das Leben schöner.

TRINK
Coca-Cola

Eines der ersten deutschen Werbeplakate von 1930 nach amerikanischem Vorbild. Die Botschaft lautet: Schöne Menschen, Sommer, Sonne, Strand, Spaß – und eine Coca-Cola ist immer dabei.

Ein gutes Produkt ist wichtig, um als Unternehmer erfolgreich zu sein. Aber preiswert den Durst zu löschen ist natürlich nicht die einzige Eigenschaft, die die Menschen mit der Marke Coca-Cola nach dem Willen des Herstellers verbinden sollen. Die Werbung für das Erfrischungsgetränk stellt seit vielen Jahrzehnten bestimmte Eigenschaften heraus, die in Fernseh-Spots oder Zeitschriften-Anzeigen immer im Zusammenhang mit Coca-Cola gezeigt werden: Freundschaft, junge, fröhliche Menschen, Sportlichkeit, Geselligkeit und die amerikanische Art zu leben.

Der Gedanke der Marketing-Spezialisten ist folgender: Alle Menschen wünschen sich diese glücklichen Erlebnisse – und ihr Getränk

und immer wieder zeigen. Die Menschen verbinden dann irgendwann einmal diese positiven Erlebnisse mit der Marke Coca-Cola. Das ist der langfristige Plan der Marketing-Manager. Dafür geben sie sehr viele Millionen Dollar jedes Jahr aus. Die besten Werbe-Agenturen der Welt entwerfen überall auf der Welt im Auftrag von Coca-Cola immer neue Sprüche, Anzeigen, Lieder oder Fernsehspots , die dieses Bild im Kopf der Menschen verankern sollen.

Ein kunstvoll gestaltetes Werbeplakat aus den 30er Jahren. Diese gutaussehende junge Dame symbolisiert, was Coca-Cola bedeutet: Sommer, Sonne, Spaß, Jugend und Schönheit. Lauter positive Dinge, die das Image von Coca-Cola ausmachen.

DRINK

Coca-Cola

Coca-Cola ist stets dabei. Dieses Image, zu deutsch: Gesamtbild, gehört zu dem Getränk aus Atlanta. Solche Bilder soll die Werbung für diese Marke immer

Das Coca-Cola Flaschendesign im Wandel der Zeit. Es dauerte einige Jahre, bis schließlich die „klassische" Flaschenform entwickelt wurde, die Coca-Cola bis heute unverwechselbar macht und von jedem anderen Produkt unterscheidet.

Solche Werbung ist aber nur dann wirksam, wenn die Marketing-Leute auch genau wissen, was ihre Kunden sich wünschen und denken. Bei Coca-Cola selbst beschäftigen sich deshalb hunderte von Menschen jeden Tag mit der Aufgabe, die Wünsche und Vorstellungen ihrer Kunden herauszufinden. Coca-Cola soll dann stets mit angenehmen Gefühlen und Situationen verbunden werden. Die Werbung und der Verkauf arbeiten damit Hand in Hand. Aber nur wenn die Menschen auch wirklich gemeinsam, fröhlich oder beim Sport Coca-Cola trinken, kann dieser Plan von Marketing- und Werbe-Abteilung funktionieren. Einer Werbung, die die Wirklichkeit völlig verdreht, würde kaum jemand langfristig glauben. Sie wäre nachteilig für das Produkt.

DESIGN

Ein wesentlicher Grund für die schnelle und flächendeckende Verbreitung des Erfrischungsgetränks Coca-Cola war und ist das Franchising. Doch die Produktion und der Vertrieb über selbstständige Händler hatte in den ersten Jahren für die Marke auch einen großen Nachteil: Jeder der lokalen Abfüller verwendete seine eigenen Flaschen – Coca-Cola sah also in Atlanta ganz anders aus als in New York. In San Francisco hatten die Flaschen wiederum eine andere Form als in New Orleans. Kunden von außerhalb wussten nie, wie Coca-Cola in einer Stadt aussah und kauften deswegen oft ein anderes Getränk. Darum entwickelte bereits 1915 Alexander Samuelson, Angestellter in einer Glaswarenfabrik, für Coca-Cola eine Flasche mit einer völlig unverwechselbaren, eigenwilligen Form. Fortan musste jeder Abfüller auf der Welt diese für Coca-Cola geschützte Flaschenform benutzen. Diese Gestalt, im Marketing sagt man auch Design, ist ein ganz wesentlicher Grund für den Erfolg von Coca-Cola. Auch mit geschlossenen Augen oder im Dunkeln ist sie zu erkennen und die Menschen halten das geschwungene Glas gern in der Hand. In den berühmtesten Design-Museen der Welt wird die Coca-Cola Flasche heute als hervorragendes Beispiel für eine Produktgestaltung ausgestellt.

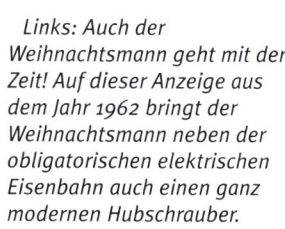
Was hat der Weihnachtsmann mit Coca-Cola zu tun?

Eine besonders erfolgreiche Kampagne, die das Erfrischungsgetränk Coca-Cola als Bestandteil des täglichen Lebens zeigt, ist die Weihnachtswerbung von The Coca-Cola Company.

1931 wurde Haddon Sundblom, einer der führendsten Werbegrafiker der Vereinigten Staaten, von The Coca-Cola Company beauftragt, eine Zeitungsanzeige zu entwerfen. Das Werbekonzept für Santa wurde von Archie Lee aus der Werbeagentur D'Archy Advertising Agency kreiert. Die Grundidee war, Coca-Cola zu Weihnachten mit einer ganz besonderen Figur in Verbindung zu bringen – dem Weihnachtsmann oder „Santa Claus", wie ihn die Amerikaner nennen.

Ein Produkt bekommt ein positives Image, wenn es mit erfreulichen Situationen wie Freizeit und Ferien oder beliebten Personen in Verbindung gebracht wird. Und welche Figur kann positiver als der Weihnachtsmann oder Santa Claus sein?

Sundbloms Modell für den Santa-Claus war ein Freund aus Chikago, ein pensionierter Coca-Cola Verkaufsfahrer namens Lou Prentice. Der Künstler war der Ansicht, dass Prentice alle Eigenschaften sowie den Geist des Weihnachtsmannes verkörperte. Sein Gesicht war perfekt für die Rolle des Santa Claus – freundlich, großväterlich und mit einem besonders sympathischen Lachen.

Nach Prentice Tod suchte Sundblom ein neues Modell. Nach langem Suchen entschied er sich schließlich dafür, selbst Modell für Santa zu stehen.

Mit den Jahren bekam Santa eine richtige Persönlichkeit, die ihn den Menschen immer sympathischer machte. Er war müde von seinem anstrengenden Job, gönnte sich öfter mal ein Päuschen und er war sich nicht zu fein, auch einmal den Kühlschrank wegen einer Truthahnkeule zu stürmen – und natürlich für eine eiskalte Flasche Coca-Cola.

Insgesamt entwarf Sundblom von 1931-1966 44 Bilder von Santa Claus für die The Coca-Cola Company. Während dieser 35 Jahre schufen der Künstler und The Coca-Cola Company eine Figur, das den Santa Claus auch für zukünftige Generationen graphisch und charakterlich definiert. Heute ist der Santa Claus Sundbloms ein allgegenwärtiges und überall akzeptiertes Bild für den Schutzpatron von Weihnachten.

Ein Plakat Sundbloms von 1934. Der Werbeslogan „Mach mal Pause" gilt auch für den Weihnachtsmann!

Wie behält Coca-Cola sein gutes Image?

Stellen wir uns vor, ein Unternehmen sagt in der Werbung: „Wir verkaufen ein Bonbon, das die Menschen zufriedener macht." Überall auf Plakaten, in Zeitungen und im Fernsehen wären fröhliche Bonbon-Esser zu sehen, das Zuckerzeug gäbe es in einer bunten Verpackung und die Käufer wären mit dem Bonbon zufrieden. Plötzlich aber würde bekannt, dass der Hersteller seine Mitarbeiter schlecht behandelt und die Umwelt verschmutzt – das wäre sehr schlecht für den Verkauf. Denn die Menschen würden nicht mehr an gute und schöne Dinge denken, wenn sie die Bonbons sehen.

Dieses erfundene Beispiel beweist: Das Image und damit auch der Erfolg beim Kunden geht über die Inhalte eines Produktes hinaus. Ganz wichtig ist, dass Marketing und Werbung glaubwürdig sind. Denn der Spruch „Wer einmal lügt, dem glaubt man nicht", gilt nicht nur für Menschen, sondern auch für Produkte und Firmen. Coca-Cola engagiert sich auch deshalb sozial, für die Umwelt oder im Sport. Kaum ein Unternehmen der Welt gibt so viel Geld für diese Aufgaben aus wie das Unternehmen aus Atlanta.

.Viele Unternehmen leisten gute Dinge für die Allgemeinheit – und reden in der Öffentlichkeit darüber. So etwas nennt man auch „Öffentlichkeitsarbeit" oder kurz „PR" (vom englischen „Public Relations")

Aber die Firmen kümmern sich auch noch aus einem anderen Grund um Menschen, denen es nicht so gut geht oder um die Umwelt: Wenn es nämlich der Allgemeinheit besser geht, nutzt das auch dem Verkauf der eigenen Erzeugnisse.

MARKTFORSCHUNG

Der Inhaber eines kleinen Ladens an der Ecke hat es einfach: Er kennt seine hundert Kunden meist sogar mit Namen. Das geht bei einem Großkonzern mit Millionen Käufern natürlich nicht. Was wollen die Menschen? Mögen sie lieber süße oder herbe Cola? Aus Glas- oder Plastikflaschen? Trinken sie Cola eher zu Hause, am Kiosk oder im Café? Diese wichtigen Fragen müssen Marketing-Manager in Großunternehmen beantworten können, bevor sie ihr Produkt herstellen. Das können sie aber nur, weil sie den Markt von Wissenschaftlern ganz genau untersuchen lassen. Dazu bestellen Hersteller wie Coca-Cola überall auf der Welt teure und umfangreiche Untersuchungen. Die Marktforscher befragen viele Menschen nach ihren Gewohnheiten. Dann rechnen die Wissenschaftler die Ergebnisse mit komplizierten Formeln so um, dass das Unternehmen einen Überblick über alle Kunden erhält, die das Produkt gerne kaufen würden.

Den Coca-Cola Träger gibt es schon sehr lange. Das „easy-to-carry"-Konzept wurde 1923 eingeführt. Auch das trug zu einem positiven Markenimage bei. Hier einige Modelle aus verschiedenen Jahrzehnten.

Coca-Cola geht mit der Mode: In den 70er Jahren waren solche Brillen und Haarschnitte modern...

Coke *macht mehr draus.*

„Coke macht mehr draus" – zum Beispiel gemeinsam Musik hören...

Coke macht mehr draus

Die 80er Jahre (unten): „Zeit für Coca-Cola" ist eigentlich immer. Und eine Coca-Cola macht jedes Erlebnis noch schöner. Das ist das Image von Coca-Cola.

Always Coca-Cola: Coca-Cola ist auch in den 90er Jahren immer dabei und in jeder Situation das richtige Getränk – auch wenn man mal einen schlechten Tag hat.

Schon die ersten Unternehmenslenker der Firma aus Atlanta hatten den Grundsatz: Coca-Cola sollte immer für alle Menschen da sein. Dazu müssen das Produkt und die Firma aber auch nahe bei den Menschen sein und auf ihre Sorgen und Wünsche Rücksicht nehmen. Das ist wichtig für die Glaubwürdigkeit des Unternehmens. Und außerdem wollen auch die Coca-Cola Manager selbst nicht in einer traurigen und verschmutzten Umwelt leben.

Wie engagiert sich Coca-Cola für die Menschen und die Umwelt?

Gute Worte reichen nicht, schon gar nicht gegenüber den immer kritischer werdenden Verbrauchern. Die vielen Millionen leeren Glas- und Kunststoff-Mehrwegflaschen etwa werden von der Coca-Cola Organisation wieder eingesammelt, wenn sie ausgetrunken sind. Nach der Reinigung können sie wieder befüllt werden oder die Flaschen werden recycelt. Auch die meisten anderen Verpackungen können wieder verwendet werden. In vielen Ländern der Erde engagieren sich die Coca-Cola Organisationen auch ganz allgemein für den Umweltschutz, zum Beispiel durch Broschüren für die Umwelterziehung in den Schulen. Das Unternehmen Coca-Cola kümmert sich in vielen Städten der Welt auch um soziale Projekte für Menschen, denen es schlecht geht. Oft unterstützt sie Hilfsorganisationen mit Geld, die dann wieder die Firma Coca-Cola etwa auf Plakaten oder in Mitgliederzeitschriften als Förderer nennen – das bezeichnet man als „Sponsoring“.

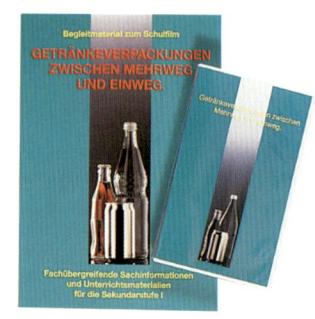

Coca-Cola sorgt sich auch um Aufklärung zu Umweltfragen an Schulen. So hat Coca-Cola zusammen mit anderen Firmen zu einem Film des Schulfernsehens ORB Unterrichtsmaterial zum Thema „Getränkeverpackungen zwischen Mehrweg und Einweg“ erstellt.

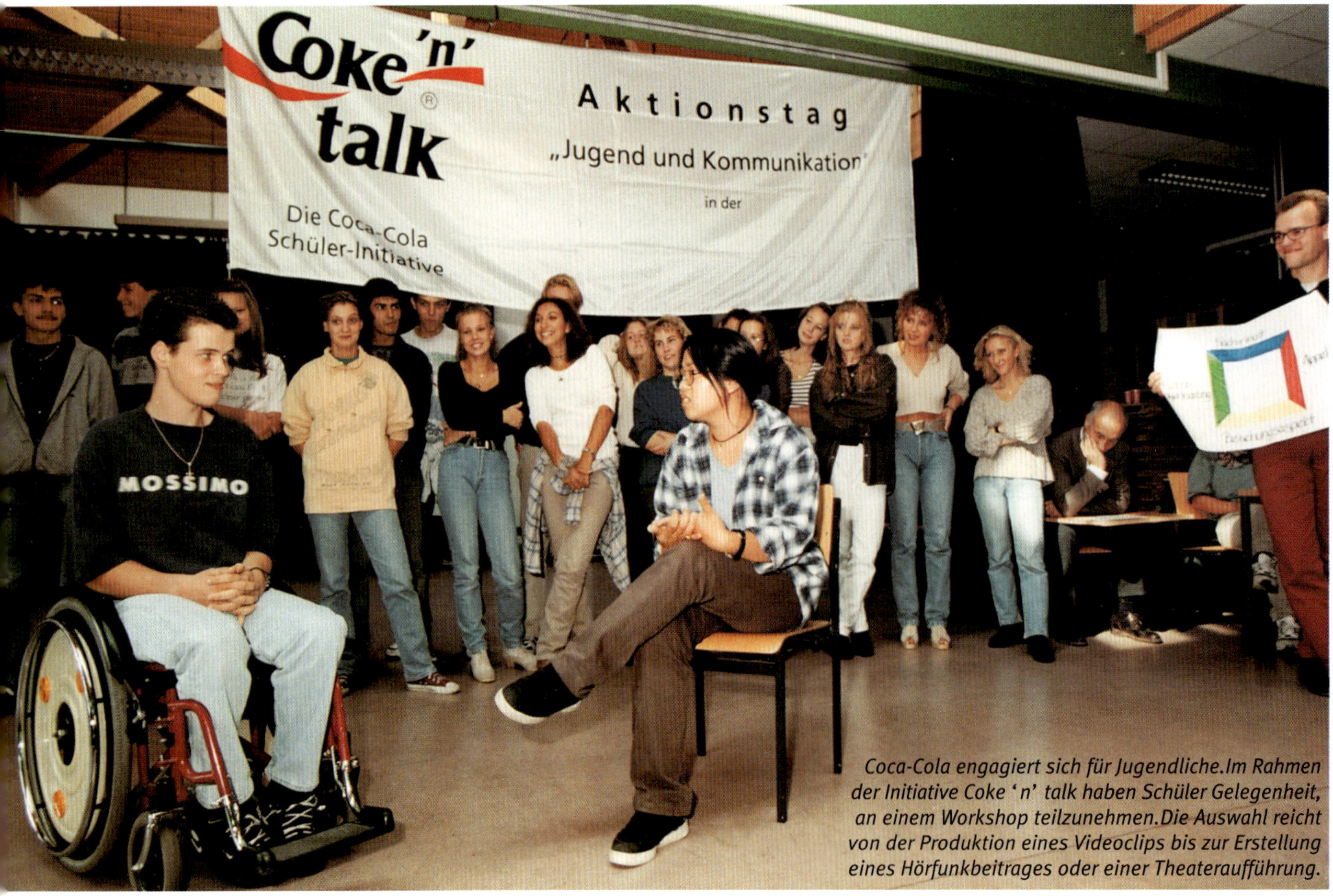

Coca-Cola engagiert sich für Jugendliche. Im Rahmen der Initiative Coke 'n' talk haben Schüler Gelegenheit, an einem Workshop teilzunehmen. Die Auswahl reicht von der Produktion eines Videoclips bis zur Erstellung eines Hörfunkbeitrages oder einer Theateraufführung.

Coca-Cola ist nicht nur sozial aktiv. Die Förderung zum Wohl der Gesellschaft und des eigenen Images ist im Sport sehr

Warum investiert Coca-Cola so viel in den Sport?

aufwendig. Das ist logisch, denn beim Sport treffen sich besonders oft junge, fröhliche und gesellige Menschen. Das aber sind genau die Menschen, die als Kunden für das Getränk am wichtigsten sind. Wenn Marketing-Manager eine Gruppe von Menschen ausgemacht haben, die für ihr Produkt wichtig sind, nennen sie diese auch „Zielgruppe". Und die Zielgruppe wird durch Werbung oder Sponsoring sehr stark auf das Produkt aufmerksam gemacht. Im Sport konkurrieren besonders viele Firmen um die Aufmerksamkeit der Kunden.

Sport ist anstrengend – oft sogar beim bloßen Zuschauen. Sport macht also Durst. Schon bei den Olympischen Spielen 1928 war Coca-Cola deshalb ein offizieller Unterstützer dieser größten Sportveranstaltung der Welt – und das blieb auch beinahe immer so. Auch die Fußball-Weltmeisterschaften

Ein Inlineskate-Wettbewerb, gesponsort von Fanta, einem Produkt der Coca-Cola Company.

Bei den Olympischen Spielen ist Coca-Cola schon viele Jahrzehnte als sogenannter Sponsor dabei. 1996 fanden sie sogar in der Heimatstadt der Brause statt – in Atlanta.

oder große Tennis-Turniere werden von Coca-Cola mit sehr viel Geld gefördert. Und natürlich mit Getränken.

Millionen Menschen im Stadion oder am Fernsehen sehen dann Werbebanden am Rand der Laufbahnen mit dem Schriftzug des Sponsors oder Reklameeinblendungen im Fernsehen – und sie sehen oft auch ihre Sport-Idole mit einer Flasche Coca-Cola in der Hand. Da ist es natürlich, dass diese Zuschauer auch zu Coca-Cola greifen, wenn sie durstig sind. Das Image des Getränks passt also besonders gut zum Sport, den Sportlern – und den Sportfans.

Überall tritt Coca-Cola als Sponsor auf: nicht nur bei großen Ereignissen wie Fußballweltmeisterschaften oder den Olympischen Spielen, sondern auch bei Behindertensportfesten und bei Schulsportwettbewerben.

Das Warenzeichen *Coca-Cola* ist das allbekannte Kennzeichen für das einzigartige Erzeugnis der Coca-Cola G·M·B·H

*„Köstlich-erfrischend" –
Coca-Cola Werbung 1929.*

„Mach mal Pause" – der Slogan der 50er Jahre.

„Besser geht's mit Coca-Cola" – auch unter der Trockenhaube!

Die Coca-Cola Kampagnen:

„Köstlich erfrischend" (1929)

„Durst kennt keine Jahreszeit" (1935)

„Mach mal Pause" (1955)

„Besser geht's mit Coca-Cola" (1968)

„Frischwärts" (1970)

„Coke macht mehr daraus" (1976)

„Zeit für Coca-Cola" (1981)

„Coca-Cola is it" (1985)

„You can't beat the feeling" (1989)

„Always Coca-Cola" (1993)

„Frischwärts" in die 70er!

*„You can' t beat the feeling":
Die Werbebotschaft Ende der
80er Jahre*

Always – Coca-Cola ist immer in Reichweite!

Auf den vorangegangenen Seiten

Wie kann Coca-Cola sein Image schützen?

haben wir eine Menge Bilder gesehen, die zeigen, wie „The Coca-Cola-Company" mehr als einhundert Jahre lang daran gearbeitet hat, den Getränken aus ihren Fabriken ein bestimmtes Image zu verschaffen. Viele Menschen verbinden deshalb heute mit dem Namen Coca-Cola, den Getränken und dem Unternehmen viele positive Dinge. Coca-Cola Produkte sind Teil ihres Lebens geworden.

Sehr lange und mit unzähligen Millionen Dollar für Werbung haben die Hersteller dieses Image bei ihren Kunden erzeugt und können nun diesen Vorteil für ihre Verkäufe nutzen. Sie haben einen Vetrauens-Vorsprung bei den Kunden. Da liegt es natürlich nahe, dass andere Firmen ein ebenso gutes Image haben wollen. Viele Hersteller anderer Colas haben deswegen immer wieder versucht, vom Bild in der Öffentlichkeit oder sogar vom Namen her möglichst große Ähnlichkeit mit Coca-Cola herzustellen. Solche Versuche muss ein Unternehmen verhindern. Es muss seine Identität schützen, damit es auch weiterhin bei den Kunden etwas Besonderes und Unverwechselbares bleibt und deshalb gekauft wird.

Am 31. Januar 1893 hat Asa Candler bereits den Markennamen Coca-Cola als sogenanntes „Warenzeichen" beim amerikanischen Patentamt eintragen lassen. Niemand anders durfte von da an unter diesem Namen das braune Getränk verkaufen. Auch das leuchtend rote Zeichen mit dem geschwungenen Schriftzug und die Form der Flasche darf nur Coca-Cola benutzen –

Diese Lampe aus der Pionierzeit von Coca-Cola diente als Werbemittel. Heute sind solche Dinge begehrte Sammlerartikel.

So viele verschieden Gegenstände bedrucken die Coca-Werber mit ihrem Schriftzug – damit die Menschen möglichst oft in ihrer Freizeit mit dem Produkt in Kontakt kommen.

selbst dann, wenn sie auf Uhren, Autos, Spielkarten oder Tabletts statt auf Flaschen mit Brause erscheinen. Solche Gegenstände benutzt Coca-Cola, um den Namen des Getränkes in dem Umfeld möglichst oft zu zeigen, in dem sich die Menschen in ihrer Freizeit begegnen – also zum Beispiel in Gaststätten, Sportanlagen, Schwimmbädern, Einkaufszentren oder auch bloß

Coca-Cola macht süchtig. Coca-Cola verführt die Jugend. Coca-Cola ist schlecht für die Zähne. Coca-Cola hat die Olympischen Spiele gekauft. Zu allen Zeiten haben das Getränk und die Firma, die es verkauft, mit solchen und anderen Vorwürfen leben müssen. Erfolgreiche Produkte werden immer angegriffen. Denn viele Menschen können sich nicht vorstellen, dass ein Erfolg mit rechten Dingen zugeht. Oder sie wollen etwas einfach schlecht machen. Zuweilen arbeiten auch Konkurrenten mit Methode daran, das Bild ihrer Gegner in der Öffentlichkeit schlecht zu machen. Und manchmal ist natürlich auch ein Fünkchen Wahrheit in Angriffen enthalten. Natürlich ist Zucker – ob in Eis, Bonbons, Kuchen oder Cola – nicht gut für die Zähne. Aber möchten wir in einer Welt leben, in der all diese süßen Sachen verboten sind? Unternehmen, deren Produkte angegriffen werden, dürfen sich nicht verstecken. Sie müssen sich Vorwürfen stellen – gute Produkte werden sich auch dann oder gerade deshalb durchsetzen.

Links: Auch alle Produkte, in und mit denen Coca-Cola verkauft und ausgeschenkt wird, werden im Coca-Cola Design gestaltet.

am nächsten Kiosk. Wenn ein anderer Hersteller dort einen ähnlichen Schriftzug hinstellen würde, könnte das die Menschen verwirren, glauben die Coca-Cola-Hersteller. Deswegen wäre es ihnen wohl am liebsten, wenn nur sie die Bezeichnungen Coca und Cola verwenden dürften. Denn oft verwendet man doch einfach nur den Namen „Cola", selbst wenn man eine ganz bestimmte Marke meint.

Aber nicht alle Wünsche gehen in Erfüllung – auch in der Geschäftswelt. Eine Niederlage erlitt das Coca-Cola-Management allerdings bei dem Versuch, auch die Bezeichnung „Cola" schützen zu lassen. Das Unternehmen war dafür sogar vor

Gericht gegangen. Hätte Coca-Cola gewonnen, müssten die Konkurrenten, wie sie auf dieser Seite zu sehen sind, alle einen Teil ihres Namens ändern. Aber das Gericht entschied damals anders.

Heute darf jedermann ungestraft ein Getränk mit dem Namensbestandteil „Cola" verkaufen. Nur der Bestandteil „Coca" bleibt reserviert. Auch die Markennamen Fanta, Sprite oder Lift darf nur das Unternehmen Coca-Cola für seine Getränke nutzen. Viele Kontrolleure überall auf der Welt sorgen dafür, dass diese Vorschriften nicht gebrochen werden.

Cola – so dürfen sich auch die Konkurrenzprodukte nennen. Nur der Namensbestandteil „Coca" bleibt allein Coca-Cola vorbehalten. Und dafür musste das Unternehmen lange vor Gericht kämpfen.

Wie Coca-Cola Deutsch lernte

Wann kam Coca-Cola in den deutschsprachigen Raum?

Wir schreiben das Jahr 1919: Der erste Weltkrieg ist gerade vorüber – und für die Marke Coca-Cola beginnt nach dem schrecklichen Krieg mit der „Ära" Woodruff ein großer Aufschwung. Schon der Vorbesitzer Asa Candler hatte das beliebte Getränk im Ausland verkauft – allerdings im wesentlichen in solchen Staaten, die an die Vereinigten Staaten angrenzten. Aber mit der Übernahme der Firma durch die Aktionäre war viel Geld in die Kassen des Unternehmens geflossen. Dadurch gewann auch die Ausweitung des Geschäftes endlich richtigen Schwung.

Schon bald wurde auch Europa ein besonders lohnendes Ziel, um dort das neue Getränk zu verkaufen. Denn dass es dort sehr viele kaufkräftige Kunden zu erobern gab, wussten natürlich auch die Unternehmer im Süden der USA. Gute Geschäftsleute suchen immer solche Möglichkeiten zur sogenannten „Expansion". Das stellt eine Chance dar, ihr Produkt an noch größere Kundenkreise zu bringen. Damals lebten bereits mehrere hundert Millionen Menschen auf dem europäischen Kontinent – das war also ein Kundenkreis von beachtenswerter Größenordnung.

Nachdem Coca-Cola bereits 1926 eine Auslandsabteilung gegründet und schon bald den Sprung nach Frankreich geschafft hatte, lag auch der Schritt nach Deutschland nahe: 1929 wurde in einer kleinen Fabrik im Norden der Ruhrgebietsstadt Essen zum ersten Mal eine „deutsche" Flasche Coca-Cola abgefüllt. Schon wenige Monate später gründete sich die Coca-Cola GmbH Essen. Diese Firma lenkt für die Zentrale in Atlanta auch heute noch das gesamte Geschäft im größten Markt Europas,

Deutschland zu Beginn der 30er Jahre: ein Coca-Cola Konzessionär fährt per Rad eine Lieferung Coca-Cola aus.

in dem allein inzwischen mehr als 80 Millionen Menschen leben. Und immer noch ist die deutsche Zentrale von Coca-Cola in Essen.

Auch in Deutschland griffen die Coca-Cola Chefs auf die bewährten Systeme zurück, um ihre Marke zu den Menschen zu bringen: Vor allem Werbung und das Lizenz- (oder Franchise-) System zur schnellen Verbreitung waren dabei gefragt.

Wie wurde Coca-Cola in Deutschland weiter verbreitet?

Am Anfang war es natürlich erst einmal wichtig, die deutschen Kunden mit dem Produkt bekannt zu machen. „Köstlich-erfrischend" hieß denn auch 1929 schlicht und aussagekräftig der erste Werbe-Slogan des neuen Getränks. Wer eine Flasche Coca-Cola auch nur sah, sollte so bereits eine ungefähre Vorstellung von ihrem Inhalt bekommen.

Um ihr Produkt möglichst nahe und schnell zu den Kunden zu bringen, setzte auch Coca-Cola Deutschland – genauso wie später die österreichischen und Schweizer Kollegen – auf das erfolgreiche Franchise-System: Regionale Unternehmer, die sich in ihrem jeweiligen Gebiet gut auskannten, konnten eine Erlaubnis („Konzession") zur Herstellung und zur Verbreitung von Coca-Cola in ihrer jeweiligen Heimat erhalten. Diese Unternehmer werden darum in Deutschland auch bis auf den heutigen Tag „Konzessionäre" genannt.

Max Keith, der erste Geschäftsführer der deutschen Coca-Cola GmbH in Essen.

Solche Konzessionäre zu finden ist für viele Unternehmen sehr schwierig. Denn eine noch unbekannte Firma muss einen Menschen davon überzeugen, sein Geld und seine Arbeit in ein Produkt zu investieren, dessen Erfolg er kaum voraussehen kann. Doch bei Coca-Cola

Erfrischung war und ist das wichtigste Versprechen von Coca-Cola.

war die Aufgabe etwas leichter. Das Produkt hatte ja in anderen Ländern bereits bewiesen, dass es beliebter als andere Erfrischungsgetränke war.

Schon im ersten Jahr 1929 fand die Zentrale von Coca-Cola deshalb mit Max Keith in Deutschland einen ersten mutigen Unternehmer, der das neue Getränk in seiner Region einführen wollte. Auch in Österreich begann der erste Coca-Cola Verkauf bereits 1929. Nur sieben Jahre später fand sich auch in der Schweiz ein Konzessionär, der mit dem neuen Produkt sein Glück versuchen wollte. Zu diesem Zeitpunkt gab es in Deutschland bereits über 120 Konzessionäre. Wie alle Franchisenehmer in der Welt mussten sich auch diese Unternehmer zu den Prinzipien von Coca-Cola bekennen: Die Preise sind überall gleich, die Mehrweg-Flaschen werden stets zurückgenommen, Qualität, Form und Werbung werden weitgehend vorgegeben und kontrolliert. Daran hat sich auch über sechzig Jahre später nichts geändert.

> **Wie setzte sich Coca-Cola im deutschsprachigen Raum durch?**

Am Anfang hatte es der Neuling mit dem seltsamen Namen aus Amerika nicht einfach, sich gegen die vielen etablierten Limonaden im deutschsprachigen Raum zu behaupten. Den Durchbruch gegen alle anderen Erfrischungsgetränke schaffte Coca-Cola aber endgültig im Jahr 1936. Das Unternehmen war nämlich bereits seit einigen Jahren der wichtigste Geldgeber der Olympischen Spiele, der größten Sportveranstaltung der Welt. Und diese Spiele fanden 1936 in Berlin, der deutschen Hauptstadt, statt. Die Werbewirkung des Ereignisses - und damit auch seines Haupt-Sponsors - war so groß, das fortan jedes Kind zwischen Flensburg im Norden und Freiburg im Süden das Lieblingsgetränk vieler damaliger Sporthelden kannte.

Einen ganz wesentlichen Anteil am Erfolg von Coca-Cola in Deutschland hatte aber auch Max Keith. Dieser Unternehmer wurde 1937 Geschäftsführer, also Chef, bei Coca-Cola in Essen. Er hatte sehr viele neue Ideen, die den Absatz rasch wachsen ließen und dem amerikanischen Getränk auch über die Zeit der Nazi-Diktatur hinweg halfen.

Aber der Krieg hatte auch für Coca-Cola in Deutschland schwerwiegende Auswirkungen. 1942 nämlich, im Krieg mit den Vereinigten Staaten, brach die Versorgung der Deutschen und Österreicher mit dem Getränk aus Atlanta ab. Es konnte kein Sirup - Grundstoff der

„Fanta erfrischt" verspricht diese Fanta-Werbung aus den 30er Jahren. Die Limonade, die in Deutschland erfunden wurde, wird heute (fast) auf der ganzen Welt getrunken.

Coca-Cola bei den Olympischen Spielen in Berlin 1936. Als Getränk der Spitzensportler war es schnell überall bekannt.

1949 in Deutschland: Der Krieg ist zu Ende und Coca-Cola ist wieder da!

nische Symbol in den nächsten fünfzig Jahren nicht mehr angeboten werden. Die sowjetische Besatzungsmacht und später die DDR-Regierung hatten Coca-Cola den Verkauf in Dresden, Magdeburg, Schwerin oder Rostock verboten.

Coca-Cola - mehr von Amerika nach Essen, Wien oder in die anderen Abfüllanlagen geliefert werden. Keith hatte zu diesem Zeitpunkt bereits die Limonade „Fanta" in Deutschland eingeführt. Die Leute mochten dieses Getränk inzwischen fast so gern wie das Ursprungsprodukt Coca-Cola. Nach dem Krieg trat Keiths Fanta auch in anderen Ländern der Welt seinen Erfolgsweg an.

In den fünfziger Jahren bauten die Deutschen ihr fast völlig zerstörtes Land mit großer Anstrengung wieder auf, und auch in Österreich und der Schweiz ging es den Menschen dank harter Arbeit lang-

Wie kam Coca-Cola wieder nach Deutschland?

1945 war der schreckliche Krieg endlich vorüber – und die Menschen hatten Coca-Cola nicht vergessen. Dafür sorgten auch die amerikanischen Soldaten, die das Land befreit hatten. Aber über diesen wichtigen Einfluss des Symbols wurde bereits an anderer Stelle gesprochen. „Coca-Cola ist wieder da", hieß 1949 die Parole zur Neueinführung des beliebten Getränkes in dem zerstörten Land. Nur in den Landesteilen, die von den Kommunisten regiert wurden – also in Ostdeutschland –, durfte das amerika-

Symbol der Freundschaft

heißt die Inschrift dieses Bildes, das den Besucher begrüßt in den modernen Produktionsstätten, überall, wo „Coca-Cola" zubereitet wird, überall, wo Menschen schaffen, um für Millionen treuer Freunde jahraus, jahrein, Tag und Nacht, daheim und draußen, in Stadt und Land diese köstliche Erfrischung bereitzuhalten, wo immer und wann immer man nach ihr verlangt. Die vielen tausend Männer und Frauen, die in über hundert ortsansässigen, selbständigen Unternehmen in unserem Lande mit Freude und Begeisterung ihre vielfältigen Aufgaben

im Dienste der Erfrischung

erfüllen, sind in diesem Zeichen freundschaftlich verbunden. All ihr gemeinsames Bemühen gilt der gesicherten, stets gleichhohen Qualität von „Coca-Cola" und der immer erößeren Vollkommenheit ihres Dienstes an der Allgemeinheit

Nach dem Krieg hatte diese Botschaft eine ganz besondere Bedeutung.

sam wieder besser. Der Coca-Cola Slogan „Mach mal Pause" wurde da zu einem geflügelten Wort, das die Stimmung unter den Menschen sehr gut wiedergab.

Aber die Coca-Cola Organisation selbst gönnte sich keine besonders ausgiebige Pause. Viele neue und große Abfüllanlagen wurden überall in West-Deutschland gebaut, Flaschenautomaten und neue Vertriebsstellen errichtet. Coca-Cola sollte auch für jeden Deutschen stets gut erreichbar sein. Auch in anderen deutschsprachigen Ländern wie Österreich und Teilen der Schweiz erlebte die Marke einen stürmischen Aufschwung. Coca-Cola hatte endgültig Deutsch gelernt.

Die Geschmäcker sind verschieden. Und oft gibt es in einem Land auch bereits ein beliebtes Getränk, das einem Produkt von Coca-Cola den Eintritt in den Markt schwer macht. Deswegen etwa wurde die Marke „Fanta" erst im Jahr 1965 in der Schweiz eingeführt, obwohl sie bereits ein Vierteljahrhundert zuvor erfunden worden

> **Wann gelangten andere Konzernprodukte in deutschsprachige Länder?**

war. Auch Getränke wie Cappy, Bonaqa, Mezzo Mix oder Lift kamen mit Rücksicht auf die regionalen Unterschiede in den Geschmäckern nicht überall oder zur gleichen Zeit zu den Verbrauchern.

Manche Getränke gibt es auch heute nicht (oder nicht mehr) auf dem deutschsprachigen Markt. Das ist auch ein Verdienst der Marketing-Abteilungen. Denn wenn die Mitarbeiter dort rechtzeitig feststellen, dass ein Getränk in einem Land nicht so erfolgreich sein wird

Ein Getränkekiosk – irgendwo in Deutschland.

Im Februar 1990 ging der Verkauf los – und bereits im April gründete sich eine eigene Gesellschaft, die das Geschäft in den neuen Bundesländern systematisch anging. Heute sind bereits über 2500 Mitarbeiter an sieben Produktionsstätten damit beschäftigt, Coca-Cola herzustellen. Denn auch auf der östlichen Seite der Elbe ist das Getränk aus Amerika sehr beliebt.

Eine von Coca-Cola gesponsorte Sportveranstaltung in den 90ern.

wie anderswo, dann können sie sich dort teure Reklame für das neue Produkt sparen. Produkte aus dem Haus Coca-Cola allerdings setzten sich meist bei den Verbrauchern durch. Überall im deutschsprachigen Raum stieg die Zahl der Produkte deshalb stetig an. In Deutschland etwa bietet das Unternehmen heutzutage den Durstigen mehr als zehn Erfrischungsgetränke für ganz unterschiedliche Bedürfnisse an. Denn der Kunde bestimmt letztendlich, wann ein Produkt wo verkauft wird.

1989 war ein glückliches Jahr für Deutschland: In einer friedlichen Revolution erreichten die Bürger im östlichen Teil des Landes die Abschaffung ihres politischen Systems. Die DDR löste sich schon bald auf und dieser Landesteil wählte das politische und wirtschaftliche System der Bundesrepublik, die Möglichkeiten von Demokratie und Marktwirtschaft. Jetzt waren die Waren des Westens nicht mehr ausgesperrt und auch Coca-Cola durfte nun überall in Ostdeutschland verkauft werden.

Was änderte sich 1989 für Coca-Cola?

Auch für Coca-Cola Österreich brachte der Fall der Mauern in Europa eine Menge neue Aufgaben: Seit 1990 ist Wien, die Hauptstadt des Landes, auch der Sitz der „Mittelost-europäischen Division". Hinter diesem langen Namen verbirgt sich die Zuständigkeit der dortigen Manager für das gesamte Geschäft mit Coca-Cola in Österreich, Tschechien, der Slowakei und Ungarn. Das sind Nachbarländer der Republik in den Alpen. Die Programme für alle Computer von Coca-Cola in der Welt werden übrigens ebenfalls in Wien entwickelt.

Fast 20.000 Menschen in Deutschland, Österreich, Luxemburg und der Schweiz haben heute den Arbeitgeber Coca-Cola. Und die meisten sind damit wohl recht zufrieden. Denn ihr Arbeitsplatz ist aus zwei Gründen sicher: Durstig sind die Menschen immer und überall – und Coca-Cola hat gute Aussichten, weiterhin das Lieblings-Erfrischungsgetränk der Einwohner dieses Gebietes zu bleiben.

Coca-Cola in Zahlen *

- Das erste Glas Coca-Cola (mit Sodawasser verdünnter Sirup) wurde 1886 in Jacob's Pharmacy in Atlanta ausgeschenkt.

- 1996 wurden weltweit über 43,5 Milliarden Liter Coca-Cola getrunken. Das sind ungefähr 132 Milliarden Dosen Coca-Cola!

- In Deutschland trank jeder Bundesbürger 1996 durchschnittlich etwa 48 Liter von Coca-Cola Produkten. In den USA waren es fast 85 Liter.

- 1996 wurden in Deutschland 2,46 Milliarden Liter Coca-Cola (Coca-Cola, Coca-Cola light, Coca-Cola light koffeinfrei und Cherry Coke) verkauft. 1997 waren es bereits 2,5 Milliarden Liter.**

- Insgesamt wurden 1996 13,7 Milliarden Getränkekästen mit Coca-Cola Produkten verkauft. Das entspricht etwa 78,1 Milliarden Liter oder 237 Milliarden Dosen!

- Etwa 1 Million Menschen arbeiten direkt oder indirekt überall auf der Welt für Coca-Cola.

- Coca-Cola Produkte können Menschen in beinahe 200 Ländern der Erde kaufen.

- Die The Coca-Cola Company macht über 18 Milliarden Dollar Umsatz und weit mehr als drei Milliarden Dollar Gewinn. Der Umsatz aller selbständigen Franchise-nehmer ist insgesamt noch viel höher.

- Der Markenname Coca-Cola ist einer der wertvollsten der Welt.

Auch der russische Weihnachtsmann trinkt Coca-Cola: Eine Werbetafel für das Weihnachts-fest 1998 mit Coca-Cola in St. Petersburg.

* Zahlen nach: The Coca-Cola Company. Jahresbericht 1996.
** Süddeutsche Zeitung, 11.4.98.

Glossar

Aktie

Ein ⇨ *Unternehmen* teilt seinen Geldwert in viele kleine Anteile auf. Diese Anteile – die sogenannten Aktien – werden dann meist an der ⇨ *Börse* gehandelt. Wenn die ⇨ *Aktiengesellschaft* sehr erfolgreich ist, möchten viele Menschen die Aktie kaufen – der ⇨ *Kurs* steigt.

Aktiengesellschaft

Ein ⇨ *Unternehmen,* das meistens nicht nur einen, sondern ganz viele Besitzer hat, weil es seinen Wert in ⇨ *Aktien* aufgeteilt und verkauft hat.

Aktionäre

Die Besitzer von ⇨ *Aktien.* Aktionäre dürfen bei den Firmenentscheidungen mitwirken und bekommen bei erfolgreichen ⇨ *Firmen* ⇨ *Dividenden.*

Analyse

Ein Untersuchungsverfahren, das angewendet wird, wenn Menschen ganz genau herausfinden wollen, wie etwas funktioniert.

Automation

Wenn menschliche Arbeit durch Maschinen ersetzt wird.

Börse

Ein Haus, in dem ⇨ *Aktien* von ⇨ *Unternehmen* gekauft und verkauft werden können.

Brutto und Netto

Wenn ein Angestellter 5000 Mark brutto verdient und insgesamt 2000 Mark ⇨ *Steuern,* Kranken-, Arbeitslosen- und Rentenversiche-

rung bezahlen muss, bleiben ihm 3000 Mark netto übrig.

Dienstleistung

Unternehmen oder Personen, die selbst keine ⇨ *Produkte* herstellen, sondern Dienste zur Verfügung stellen (Verkäufer, Friseure, Banken), bieten Dienstleistungen an.

Direktor

Ein Mensch, der in einer ⇨ *Fabrik* andere anleitet.

Dividende

Wenn eine ⇨ *Aktiengesellschaft* Gewinn macht, wird das Geld an die ⇨ *Aktionäre* verteilt. Jeder bekommt so viel vom Gewinn, wie ihm von der ⇨ *Firma* gehört.

Drugstore

Ein Laden in Amerika, wo alle Dinge des täglichen Bedarfs verkauft werden. Zusätzlich gibt es dort oft auch Erfrischungen, Speisen oder Medizin..

Firma

Anderes Wort für ⇨ *Unternehmen.*

Forschung und Entwicklung

Eine wichtige Abteilung im ⇨ *Unternehmen.* Dort werden die ⇨ *Produkte* der Zukunft entwickelt.

Geschäftsführer

Der Mensch, der in einem ⇨ *Unternehmen* jeden Tag die wichtigsten Entscheidungen trifft.

Gläubiger

Wenn ein Mensch einem anderen

Geld leiht, dann ist er der Gläubiger. Der andere ist der ⇨ *Schuldner.*

Händler

Jemand, der die ⇨ *Produkte* anderer kauft und in eigenen Läden weiterverkauft. Da er bei dieser ⇨ *Dienstleistung* (die Verteilung der Waren) etwas verdienen will, erhöht sich der ⇨ *Preis.*

Image

Der Ruf, den ein ⇨ *Unternehmen* oder dessen ⇨ *Produkte* in der Öffentlichkeit haben.

Investition

Das Geld, das ein ⇨ *Unternehmen* für die ⇨ *Produkte* der Zukunft ausgibt.

Kapital

Eine Bezeichnung für das Geld, das ein Mensch braucht, um ein ⇨ *Unternehmen* aufzubauen und zu unterhalten.

Kredit

Das Geld, das ein ⇨ *Gläubiger* einem ⇨ *Schuldner* leiht.

Kunde

Derjenige, der sich für ein ⇨ *Produkt* interessiert oder es sogar schon gekauft hat.

Kurs

Der Geldwert, zu dem eine ⇨ *Aktie* an der ⇨ *Börse* gekauft oder verkauft wird.

Manager

Ein Mensch, der im ⇨ *Unternehmen* die Arbeit in großen Abteilungen aufteilt und organisiert.

Markenzeichen

Der Name, ein Zeichen oder der Schriftzug, an dem die ⇨Kunden ein ⇨Unternehmen erkennen können. Damit kein anderer ihn kopieren kann, lassen sich die meisten ⇨Unternehmen ihr Markenzeichen vom ⇨Staat schützen.

Marketing

Die Abteilung im ⇨Unternehmen, die dafür sorgen soll, dass die ⇨Kunden das eigene Produkt besser als andere finden. Das geschieht etwa mit Werbung.

Marktforschung

Menschen, die vor der ⇨Produktion herausfinden sollen, was die ⇨Kunden wollen und wie viele ⇨Verbraucher sich ein bestimmtes ⇨Produkt wünschen.

Marktwirtschaft

Wenn jeder die Möglichkeit hat, ein ⇨Produkt herzustellen und zu einem ⇨Preis seiner Wahl im ⇨Wettbewerb mit anderen verkaufen kann.

Massenproduktion

Wenn von einem ⇨Produkt sehr viele Exemplare hergestellt werden, wird das ⇨Produkt immer billiger. Massenweise Menschen können sich solche ⇨Produkte nun leisten.

Patent

Eine Erfindung kann man sich vom ⇨Staat schützen lassen. Kein anderer darf dann eine Zeit lang dieses ⇨Produkt verkaufen.

Pleite

Wenn ein Unternehmer nicht mehr genug Geld hat, um seine Lieferanten oder Mitarbeiter zu bezahlen und auch niemand ihm Geld leiht, wird er Pleite gehen. Andere Worte dafür sind: Bankrott sein oder Konkurs anmelden. Seine ⇨Firma wird dann verkauft oder aufgelöst, um mit dem Gewinn die ⇨Gläubiger auszuzahlen.

Preis

Das Geld, das ein ⇨Unternehmen vom ⇨Verbraucher für sein ⇨Produkt verlangt.

Produkte

Die Dinge, die ein ⇨Unternehmen herstellt und verkauft.

Produktion

Die Abteilung im ⇨Unternehmen, die die ⇨Produkte herstellt.

Schuldner

Jemand, der sich Geld von einem ⇨Gläubiger geliehen hat.

Service

Ein Dienst, den gute ⇨Firmen ihren ⇨Kunden bieten. Sie bekommen zum Beispiel ein ⇨Produkt nach Hause geliefert oder es wird innerhalb einer bestimmten Garantiefrist (meistens ein oder zwei Jahre) kostenlos repariert.

Staat

Der Zusammenschluss und zugleich die Vertretung der Bürger wird Staat genannt. Die verschiedenen Angestellten des Staates sollen dafür sorgen, dass für alle Menschen in einem Gebiet Straßen gebaut, Feuerwehr und Polizei bezahlt oder Kindergärten betrieben werden. Für diese Aufgaben erhebt der Staat ⇨Steuern.

Steuern

Der ⇨Staat braucht Geld. Dafür geben ihm alle ⇨Verbraucher und ⇨Unternehmen einen Teil ihres Geldes ab.

Unternehmen

Arbeitgeber organisieren die Arbeit ihrer Angestellten in Unternehmen. Dort stellen die Arbeitnehmer die ⇨Produkte her, die an ⇨Verbraucher verkauft werden.

Verbraucher

Alle Menschen, die etwas kaufen, das ein anderer oder ein ⇨Unternehmen hergestellt hat, oder eine ⇨Dienstleistung in Anspruch nehmen sind Verbraucher. Das Kaufen und Verbrauchen von ⇨Produkten heißt auch Konsum.

Vertrag/Abkommen

Wenn Menschen oder ⇨Unternehmen etwas vereinbaren, woran sich beide halten wollen, haben sie einen Vertrag geschlossen.

Wettbewerb

Oft haben Unternehmer ähnliche Ideen für neue ⇨Produkte. Und manchmal sieht auch einfach ein Manager, dass ein Konkurrent mit einem Produkt Erfolg hat. Dann versucht er, ein ähnliches anzubieten – nur billiger oder besser. Dieser Wettbewerb ist gut für die ⇨Verbraucher. Denn, wenn der Wettbewerb ungehindert funktioniert, bekommen sie ständig bessere Waren für einen günstigeren ⇨Preis.

Stichwörterverzeichnis

A

Abfüllanlage 18, 26, 27, 28, 36, 37, 56, 57, 58
Absatz 38, 56
Aktie 21
Aktiengesellschaft 20, 21, 28
Aktionär 15, 20, 21, 37, 54
American way of life 27
Anteile 20, 21
Arbeitgeber 4, 5
Arbeitnehmer 4, 5, 6, 37
Atlanta 9, 14, 15, 21, 23, 36, 42, 44, 46, 48
Aufsichtsrat 37
Automation 28

B

Biedenharn, Joseph 17, 18
Bonaqa 33, 34, 35
Börse 20, 21
Buchhaltung 15

C

Candler, Asa G. 15, 16, 17, 18, 20, 42
Cappy 33, 34
Coca-Cola Export Corporation 29
Coca-Cola Formel 9, 15, 23
Columbia Pictures 34, 35

D

Design 32, 45
Dienstleistung 5, 6, 7
Diversifikation 32, 35
Dividende 15

E

Eisenhower, Dwight D. 26, 27
Expansion 54

F

Fanta 32, 33, 35, 49, 56, 57, 58
Fertigung 6
Franchising 18, 30, 37, 45, 55, 56

G

Gebrauchsnutzen 11
Geschäftsidee 13, 18, 40
Geschäftspartner 12, 21
Geschäftsstrategie 36
Gewinn 4, 6, 7, 15, 21, 28, 33, 35, 39
GmbH 54, 55

I

Image 39, 46, 47, 49, 52
Investition 15, 39
Investor 18, 20

K

Kapital 7, 9, 13, 15, 18, 28, 55
Keith, Max 55, 56, 57
Konkurrenz 23, 32, 37, 38
Konsum 5, 39
Konzession(är) 54, 55, 56
Kunde 6, 10, 11, 12, 13, 14, 22, 29, 30, 37, 40, 44, 45, 46, 49, 59

L

Lizenz(gebühr) 18, 55
Lohn 4

M

Management 6, 25, 37, 53
Manager 20, 29, 32, 33, 34, 35, 36, 37, 41, 44, 46, 59
Marke 9, 13, 53
Markenname 12, 52, 53
Markenzeichen 9, 13, 41, 40
Marketing 6, 36, 37, 39, 40, 41, 42, 44, 45, 46, 58
Markt 5, 44, 54, 58
Marktforschung 46
Marktlücke 13
Marktwirtschaft 4, 5, 15, 59
Massenmarkt 14

N

Neueinführung 57

P

Pemberton, John S. 9, 10, 11, 12, 13, 14, 15, 23, 42
Pepsi-Cola 38, 53
Produkte 4, 5, 6, 7, 9, 10, 11, 12, 14, 15, 18, 20, 21, 23, 24, 27, 28, 30, 36, 37, 39, 40, 41, 42, 44, 46, 48, 54, 55, 56, 57, 58
Produktentwicklung 11
Produktion 6, 7, 45
Produktgestaltung 45
Produktpalette 32, 36
Profit 25
Prohibition 22

R

Robinson, Frank 12, 13
Rohstoffe 4, 6, 7

S

Schutzmarke 40
Soda-Fontäne 11, 14, 17
Sponsor(ing) 48, 49, 56, 59
Sprite 33
Staat 4, 5, 6, 7
Steuern 4, 5

T

Teilhaber 20
Thomas, Benjamin 16, 18
Tochterfirma 29

U

Umsatz 7
Unternehmens-philosophie 20
Unternehmer 6, 7, 10, 13, 14, 18

V

Verbraucher 5
Verkaufshilfe 15
Vermarktung 41
Vertrag 18
Vertrieb 6, 15, 36, 45, 58

W

Wettbewerb 10, 38, 39
Whitehead, Joseph 18
Woodruff, Ernest 20
Woodruff, Robert W. 20, 21, 25, 28, 29, 32

Z

Zielgruppe 49

Business

WAS IST WAS

WAS IST WAS

Business

WAS IST WAS

WAS IST WAS

Busin